Fußboden-Lexikon

In ideeller Kooperation
mit dem Bund Deutscher
Innenarchitekten BDIA

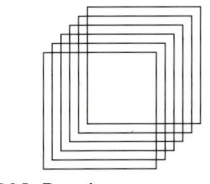

BDIA Bund
Deutscher
Innen
Architekten

Hannes Bäuerle / Claudia Miller

Fußboden-Lexikon

Die wichtigsten Bodenbeläge für Architektur und Design

CALLWEY

Hannes Bäuerle
„Wie finde ich den passenden Fußboden?"

01.01 Parkett
Hochkantlamellenparkett (Industrieparkett), Stabparkett,
Lamellenparkett, Massivdiele, Mosaikparkett, Holzpflaster
(Hirnholz), Tafelparkett
Mehrschichtparkett 1-3 Stab
Terrassenholz

01.02 Laminat
HPL (Schichtstoff-Laminatboden)
DPL (direktbeschichtetes Laminat)

02.01 Elastomer
Naturkautschuk, Synthesekautschuk
Linoleum
PVC, Designbodenbeläge
Vinyl
Kork

03.01 Natursteine
Marmor, Granit, Basalt, Sandstein, Kalkstein, Trachyt,
Muschelkalk
Travertin, Quarzit

03.02 Kunststeine
Betonwerkstein, Terrazzo, Kunstharzwerkstein
Estrich, Gussasphalt, Steinpflaster

04.01 Fliesen
Steingut, Keramische Platten, Feinsteinzeugplatten,
Zementplatten
Terrakotta, Ziegeltonplatten

04.02 Glasfliesen
Glasmosaik, Glasterrazzo, Glasgranulat, Glaskeramik
Glasboden

Wie finde ich den passenden Fußboden?
Eine Frage, auf die es sehr viele Antworten gibt.
Bei der Entscheidungsfindung spielen gestalterische Aspekte eine elementare Rolle. Nicht zuletzt aufgrund der prägenden, wenn nicht gar „lauten" Optik, die von manchen Bodenbelägen ausgeht. Mit wilden Mustern oder Farben bestimmen sie den Raumeindruck, edle Parkettböden strahlen hohe Wertigkeit aus, je nach Verlegeart von Elementen oder Platten ergibt sich ein dem Raum angepasstes Fugenbild. Bahnenware kommt mit wenigen Stößen aus und die Gattung der so genannten fugenlosen Bodenbeläge versucht, ganz auf sie zu verzichten.
Je nach Mode, Land, Region, Nutzergruppe oder auch Planungsbüro lassen sich klare Vorlieben für diverse Typen ablesen. Das hat natürlich nicht nur gestalterische oder optische Gründe. In vielen Fällen unterliegt die Wahl des richtigen Bodenbelags aufgrund der Anforderungen und vorherrschenden Rahmenbedingungen einer Vorselektion. Hinter einer Metzgertheke werden Sie kaum einen hochflorigen Teppich finden, im Schwimmbad darf der Bodenbelag bei Nässe nicht spiegelglatt sein und in einer Einkaufsmeile sollte die Besucheranzahl nach Möglichkeit nicht an den Abnutzungsspuren ablesbar sein.
Ausnahmen bestätigen die Regel – hochwertiges Parkett ist auch in der Garage zu finden, Industrieböden werden im Wohnbereich eingesetzt oder der strahlend weiße und fugenlose Boden wetteifert mit den Architekturfotos um Hochglanz. Ein erfreulicher Aspekt der heutigen Vielfalt von unterschiedlichsten Bodenbelägen ist, dass für jeden Ort die passende Optik und Funktion zu finden ist.

Einen Blick zu Boden – ganz ohne Schamgefühl – erlauben aktuelle Innovationen und gelungene Anwendungen.

Als Fußboden wird jenes Bauteil bezeichnet, das üblicherweise über der statisch tragenden Bodenplatte angebracht wird. Neben dem Untergrund selbst übernimmt auch der Fußboden eine tragende Rolle. Als begehbare Fläche trägt er den Benutzer mehr oder minder, der auf dem Boden geht, wandelt oder steht. Highheels-tragende Damen können ein Lied davon singen und wissen sehr wohl um den unterschiedlichen Komfort von buckeligen Pflastersteinen oder ausgelegten roten Teppichen zu berichten. Ganz besonders ausgeprägt ist die Mühe um optimalen Komfort auch in speziellen Turnhallen oder auf Bühnen, bei denen je nach ausgeübter Sportart unterschiedliche Bodenkonstruktionen mit teils aufwendigen Unterkonstruktionen zum Einsatz kommen.

Auch an unseren Arbeitsstätten kann mit der Wahl des optimalen Fußbodens die Belastung beim Arbeiten, Gehen oder Stehen gezielt beeinflusst werden. Dabei sind nicht nur die Dämpfungseigenschaften, Tritt- oder Rutschsicherheit elementare Eckdaten. Bei und mit Allergikern wird besonders die Verträglichkeit der unterschiedlichen Belagsarten sehr kontrovers und intensiv diskutiert. In den letzten Jahren sind dazu diverse Studien veröffentlicht worden. Wie gegensätzlich die Betrachtung sein kann, verdeutlicht speziell der textile Bodenbelag (Teppich), welcher einmal als besonders nachteilig für allergiegeplagte Menschen dargestellt wird und ein andermal als besonders geeignet.

HANNES BÄUERLE
raumPROBE, Stuttgart

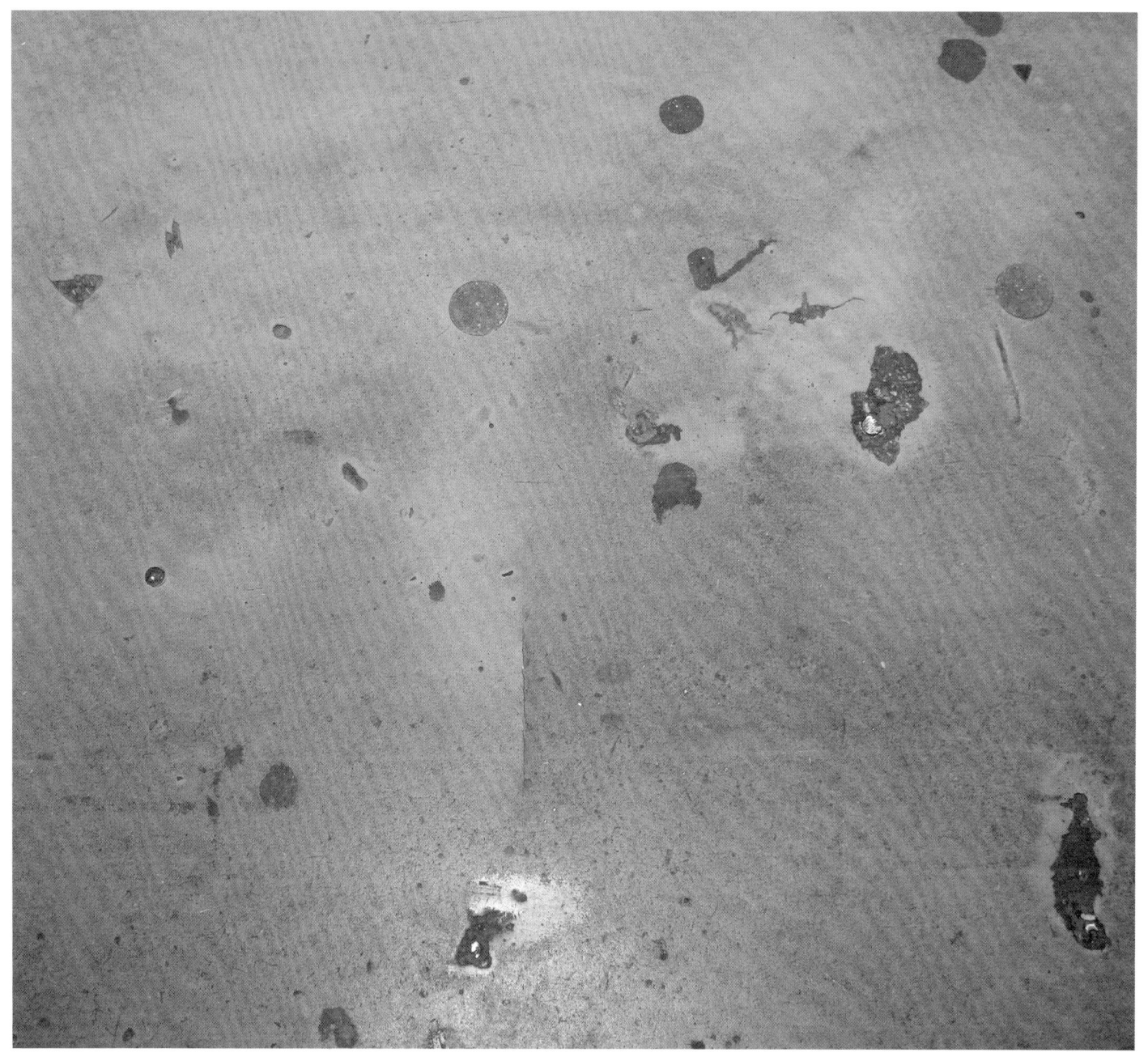

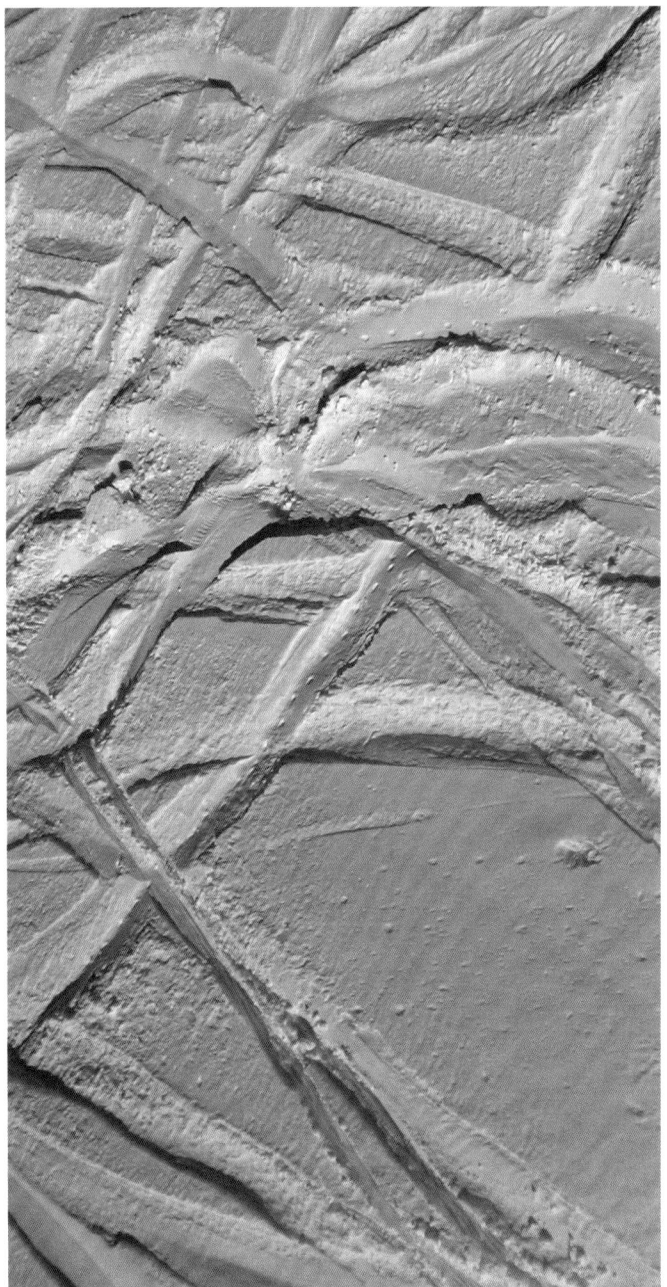

Wie komplex das Thema der verschiedenen Bodenbeläge ist, wird spätestens bei der genauen Betrachtung des Fußbodenaufbaus deutlich. Im Fachjargon als die „Gesamtheit aller Schichten" bezeichnet, verbirgt sich hinter der Begrifflichkeit die genauere Definition der Funktionen und Nutzungsarten der jeweiligen Schichten. Je nach Art des Bodenbelags hat dieser selbst ganz unterschiedliche Schichten, sowohl in der Art als auch in der Anzahl. Die meisten Fußbodenbeläge haben einen Rücken, auf dem die weiteren Schichten befestigt sind, nicht selten eine Mittellage, die weitere Funktionen übernimmt, und schließlich die dekorative Deckschicht. Selbst die Ausnahmen, welche bei oberflächlicher Betrachtung mit nur einer Schicht auskommen, wie Massivparkett oder geschliffener Estrich, haben bei genauer Betrachtung auch mehrere Schichten aufzuweisen. Ob es der Kleber ist, mit dem das Parkett befestigt ist, oder die Versiegelung in Form von Öl oder Lack. Nimmt man den gesamten Fußbodenaufbau unter die Lupe, sind ebenfalls große Unterschiede erkennbar. Je nach Bautypus existieren unterschiedliche Regelwerke, und die Unterschiede im Aufbau von Fußböden im Massiv-, Stahlbeton-, Leicht- oder Holzbau können elementar sein. Das Darunter bestimmt in vielen Fällen, was (direkt) darüber überhaupt möglich ist. Aspekte der Bauphysik sollten bei der Wahl des geeigneten Bodenbelags nicht außer Acht gelassen werden. Sowohl der Wärmeschutz als auch der Trittschall kann mit der richtigen Bodenbelagswahl elementar beeinflusst werden. Jeder kennt das Phänomen von Unterführungen mit ihren harten Fliesenbelägen: Würde dort ein Teppich ausgelegt, wäre es vorbei mit den hallenden Schritten der imaginären Verfolger.

Der Einfluss von Fußbodenbelägen ist sowohl aus gestalterischer Sicht als auch aufgrund der oben genannten Themen wie Konstruktion, Regelwerk und Bauphysik nicht zu unterschätzen. Anlass genug, dem Thema auf den Grund zu gehen. Auch in der Natur entscheidet der Boden zu einem großen Anteil, ob darauf etwas Gutes wachsen kann.

Mit dem vorliegenden Buch möchten wir einen Einblick in die verschiedensten Arten von Fußböden geben. Die Auswahl ist exemplarisch zu betrachten und hat keinen Anspruch auf Vollständigkeit. Wir würden uns freuen, wenn Sie beim Blättern und Nachschlagen ebenso freudig erstaunt sind, was es alles gibt und wie vielfältig die Möglichkeiten sind.

Hannes Bäuerle

HOLZ-BODENBELÄGE 01.00

Ein echter Holzboden besteht aus einem gewachsenen Natur-
produkt und ist damit etwas ganz Besonders. Die Grundlage für
einmalige Böden sind die vielen verschiedenen Holzarten, aus
denen Dielen oder Parkett gefertigt wird. Sie variieren in ihren
Arten, Formen, Farben und Qualitäten. Bei massiven Belägen kann
die oberste Schicht abgeschliffen werden. Damit lassen sich Ver-
schleiß oder Beschädigungen beseitigen, ohne den ganzen Belag
tauschen zu müssen.

Laminatböden haben einen mehrschichtigen Aufbau. Die Deck-
fläche kann dabei ebenfalls aus Massivholz bestehen (Mehrschichtparkett). Die meisten Laminatböden sind allerdings
Nachbildungen. Mit der obersten bedruckten Dekorschicht sollen
„echte" Holzböden dargestellt werden, gestalterische Vielfalt bieten
Fantasiedekore oder Grafiken.

01.01 Parkett
Hochkantlamellenparkett (Industrieparkett), Stabparkett, Lamel-
lenparkett, Massivdiele, Mosaikparkett, Holzpflaster (Hirnholz),
Tafelparkett
Mehrschichtparkett 1-3 Stab
Terassenholz

01.02 Laminat
HPL (Schichtstoff-Laminatboden)
DPL (direktbeschichtetes Laminat)

016 016 016 016 017

017 017 017 018 018

018 018 019 019 019

019 020 020 020 020

021 021 021 021 022

022 022 022 023 023

023 023 024 024 024

024 025 025 025 025

026 026 026 026 027

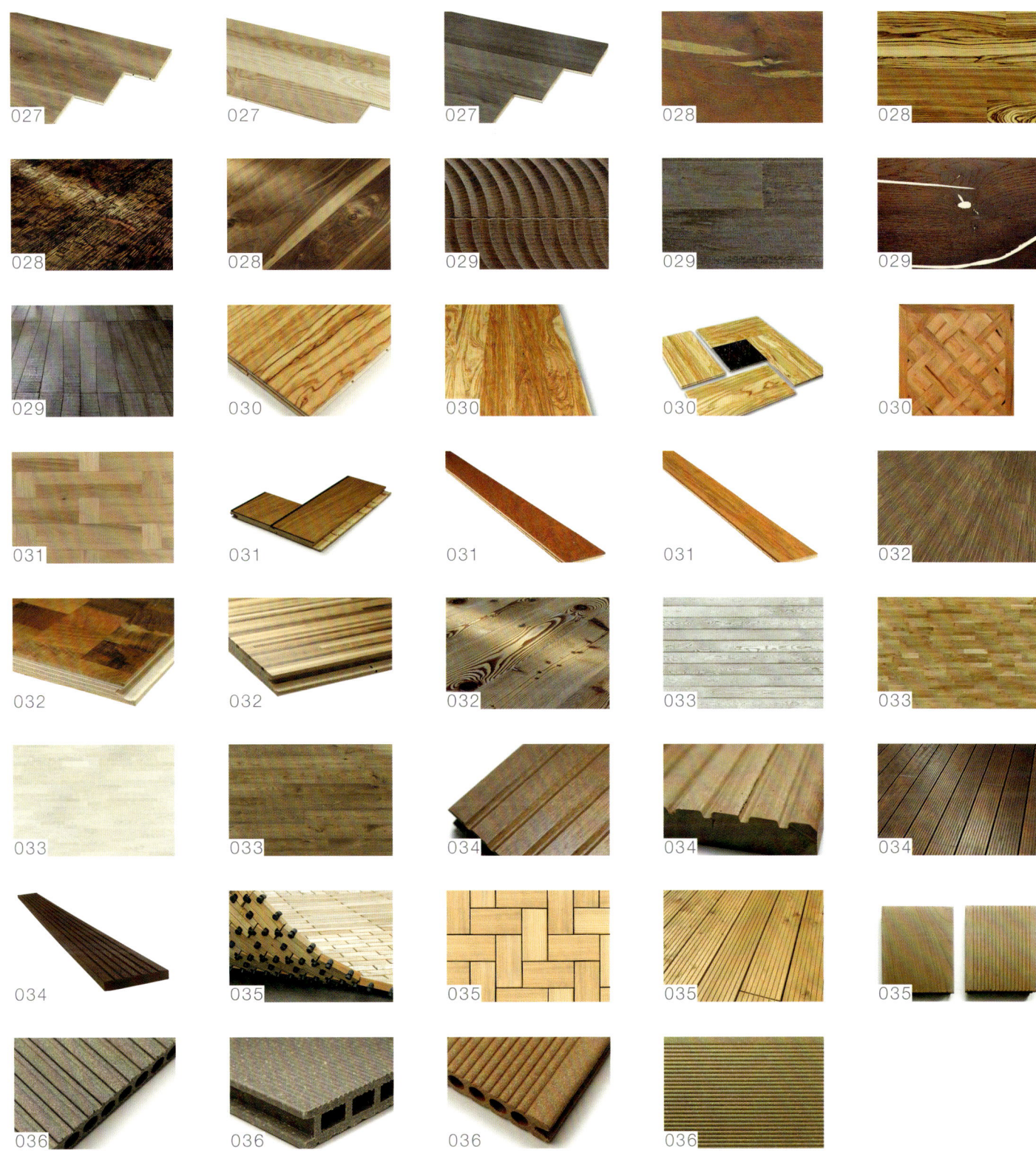

027

027

027

028

028

028

028

029

029

029

029

030

030

030

030

031

031

031

031

032

032

032

032

033

033

033

033

034

034

034

034

035

035

035

035

036

036

036

036

038
038
038
038
039

039
039
039
040
040

040
040
041
041
041

041
042
042
042
042

043
043
043
043
044

044
044
044
045
045

045
045

Produktart	Massivdielen
Eigenschaften	Mit Lauge und weißer Seife behandelt, Dielenlänge bis 15 m, Stärke: 28/35 mm
Material	Vollholz Douglasie
Name	Dinesen Douglasie
Kontakt	www.dinesen.com

Produktart	Massivdielen
Eigenschaften	Edelholzboden, individuell gefertigt für jede Raumgröße, keine Fugen oder Verbindungen sichtbar
Material	Vollholz Eiche
Name	Signatur
Kontakt	www.signatur-weiss.at

Produktart	Massivdielen
Eigenschaften	Mit Öl und Lack behandelt, Dielenlänge bis 7 m, Stärke: 30 mm
Material	Vollholz Eiche
Name	Dinesen Eiche
Kontakt	www.dinesen.com

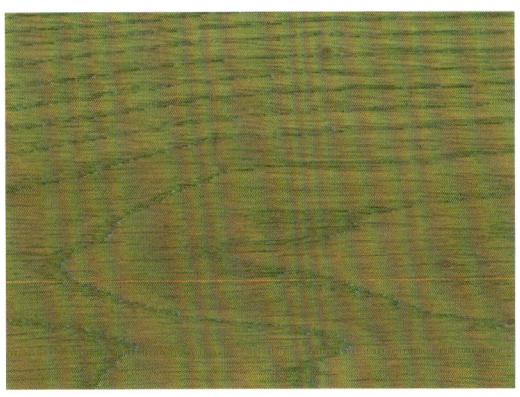

Produktart	Massivdielen
Eigenschaften	Endbehandelt ab 1 m² erhältlich, wasser- und schmutzabweisende Oberfläche auf Naturölbasis
Material	Vollholz Eiche
Name	Creativ Dielen, Eiche farngrün
Kontakt	www.osmo.de

Produktart	Massivdielen
Eigenschaften	Edelholzboden, individuell gefertigt für jede Raumgröße, keine Fugen oder Verbindungen sichtbar
Material	Vollholz Nussbaum
Name	Signatur
Kontakt	www.signatur-weiss.at

Produktart	Hochkant Industrieboden
Eigenschaften	Aus in Blockform (mit Klebestreifen) gebündelten, kurzen Bambus-lamellen, direkt und vollflächig auf dem Unterboden verklebt, unter bestimmten Bedingungen auf Fußbodenheizung verlegbar
Material	Vollholz Bambusparkett
Name	Hochkant Industrieboden
Kontakt	www.moso.eu

Produktart	Stabparkett
Eigenschaften	Massiver Aufbau, längs- und stirnseitig mit Nut-und-Feder-Verbindung, vollflächige Verklebung, geeignet für Fußboden-heizung, höchste Eindruckfestigkeit
Material	Vollholz Eiche
Name	Inline Massivparkett Eiche
Kontakt	www.tilo.com

Produktart	Mosaikparkett
Eigenschaften	10 mm Stärke inkl. aufkaschierter Korkunterlage für Gehkomfort und Trittschalldämmung, Fertigparkett Duroforte seidenmatt versiegelt, vollflächige Verklebung, geeignet für Fußbodenheizung
Material	Vollholz Akazie
Name	Prepark Komfort Gala Collection Mosaik, Akazie gedämpft
Kontakt	www.bauwerk.com

Produktart	Hirnholzpflaster, Kiefer
Eigenschaften	Premium-Holzpflaster, robust, dauerhafte Standfestigkeit, unterschiedliche Pflasterverbände möglich
Material	Vollholz Kiefer
Name	Kiefer, grau geölt
Kontakt	www.opw-parkett.de

Produktart	Hirnholzpflaster, Eiche
Eigenschaften	Premium-Holzpflaster, robust, dauerhafte Standfestigkeit, unterschiedliche Pflasterverbände möglich
Material	Vollholz Eiche
Name	Eiche geräuchert
Kontakt	www.opw-parkett.de

Produktart	Mosaik, Eiche
Eigenschaften	Holzmosaik 30 x 30 mm, auf Glasfasernetz verlegt (Fugen 1,8 mm), Mosaike flexibel in Form und Stärke, imprägniert für Nass-bereiche einsetzbar, zertifizierte Hölzer
Material	Vollholz Eiche
Name	Industry Eiche natur 8 mm
Kontakt	www.pardec.de

Produktart	Mosaik, Eiche
Eigenschaften	Holzmosaik 30 x 30 mm, auf Glasfasernetz verlegt (Fugen 1,8 mm), Mosaike flexibel in Form und Stärke, imprägniert für Nassbereiche einsetzbar, zertifizierte Hölzer
Material	Vollholz Eiche
Name	Manufacture Eiche gealtert 5 mm
Kontakt	www.pardec.de

Produktart	Flechtboden, Räuchereiche
Eigenschaften	Interessante Flechtoptik, umlaufend gefast, Verlegung durch qualifizierte Bembé-Fachbetriebe
Material	Vollholz Räuchereiche
Name	Flechtboden Räuchereiche
Kontakt	www.bembe.de

Produktart	Tafelparkett, Räuchereiche
Eigenschaften	Interessante Sternoptik, Verlegung durch qualifizierte Bembé-Fachbetriebe
Material	Vollholz Räuchereiche
Name	Favoritenparkett Windsor Räuchereiche, weiß gekalkt
Kontakt	www.bembe.de

Produktart	Tafelparkett, Nussbaum
Eigenschaften	Amerikanischer Nussbaum, großformatig, Maße: 1000 x 1000 mm, Verlegung durch qualifizierte Bembé-Fachbetriebe
Material	Vollholz Nussbaum
Name	Versailler Muster, amerikanischer Nussbaum
Kontakt	www.bembe.de

Produktart	Tafelparkett
Eigenschaften	Individuelle Gestaltung, viele verschiedene Farben, Holzarten, Formen und Stilelemente kombinierbar, Aufbauhöhe je nach Konstruktion 22–32 mm
Material	Vollholz
Name	Tafelparkett, individuelles Muster
Kontakt	www.bembe.de

Produktart	2-Stab-Parkett, Eiche
Eigenschaften	8 mm Massivparkett Prepark (Nut und Kamm), Fertigparkett Duroforte seidenmatt versiegelt, vollflächige Verklebung, geeignet für Fußbodenheizung
Material	2-Schicht-Parkett Eiche
Name	Prepark Vita Collection parallel, Eiche
Kontakt	www.bauwerk.com

Produktart	1-Stab-Landhausdiele, Eiche, bicolor
Eigenschaften	Farbe bicolor, handgehobelt, gebürstet, geringastig, Naturöl, Maße: 2800 x 260 x 20 mm, Nut-und-Feder-Verbindung, geeignet für Fußbodenheizung bei vollfläch. Verklebung, 30 Jahre Garantie
Material	3-Schicht-Parkett Eiche
Name	Eiche Espace Country, Grande Collection
Kontakt	www.kahrs.com

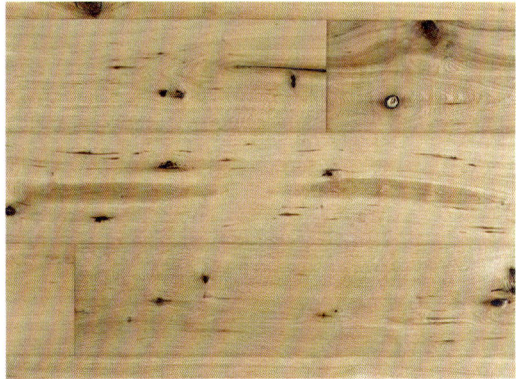

Produktart	1-Stab-Landhausdiele, Eiche, natur
Eigenschaften	Farbe natur, handgearbeitet mit Riverstone-Technik, gebürstet, großastig, Naturöl, Maße: 1900 x 190 x 15 mm, Verriegelungstechnik Woodloc®, geeignet für Fußbodenheizung, 30 Jahre Garantie
Material	3-Schicht-Parkett Eiche
Name	Eiche Camino Country, Artisan Collection
Kontakt	www.kahrs.com

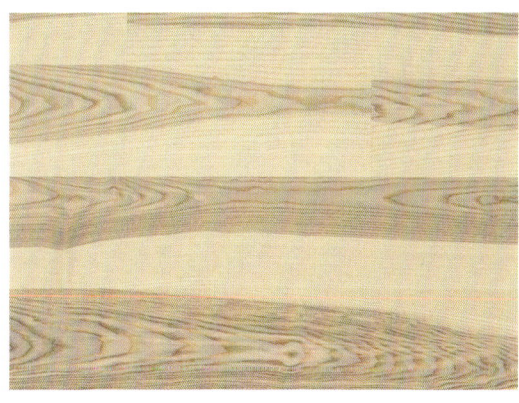

Produktart	1-Stab-Landhausdiele, Esche
Eigenschaften	Esche, reinweiß coloriert, Mattlack, Maße: 2420 x 187 x 15 mm, Verriegelungstechnik Woodloc® 5S, geeignet für Fußbodenheizung, 30 Jahre Garantie
Material	3-Schicht-Parkett Esche
Name	Esche Sandvig Country, Sand Collection
Kontakt	www.kahrs.com

Produktart	1-Stab-Parkett, Wenge
Eigenschaften	Wenge Anticati gebürstet und gefast, 4 mm Echtholzdecklage, 11 mm Birkensperrholzträger, 7-fach mit UV-Acryllack matt versiegelt, gloss 15°, Maße: 1000–2400 x 140 x 15 mm
Material	2-Schicht-Parkett Wenge
Name	Mazzonetto Maxi Anticati
Kontakt	www.mazzonettoweb.it

Produktart	1-Stab-Landhausdiele, Morado
Eigenschaften	Bolivianisches Holz Morado, betont schöne Holzzeichnung, feine dunkelbraune Farbsortierung, Oberfläche geschliffen und Endoberfläche 8-fach lackiert, vollflächige Verklebung
Material	3-Schicht-Parkett Morado
Name	Listone Giordano 125 Morado fibramix
Kontakt	www.listonegiordano.com/deutschland

Produktart	1-Stab-Landhausdiele, Walnuss
Eigenschaften	Innovative Farbschichttechnik, markante Fasen, lebhaft-astig, Lack, Maße: 1830 x 148 x 15 mm, Verriegelungstechnik Woodloc®, geeignet für Fußbodenheizung, 30 Jahre Garantie
Material	3-Schicht-Parkett Walnuss
Name	Walnuss Ritz Country, Avenue Collection
Kontakt	www.kahrs.com

Produktart	1-Stab-Parkett, Eiche, gealterte Oberfläche
Eigenschaften	Fertigparkett Duroforte, gefast, vollflächige Verklebung, Naturöl-Versiegelung, gebürstete und gealterte Oberfläche, leichte Reinigung
Material	2-Schicht-Parkett Eiche
Name	Trendpark Gala Collection, Eiche geräuchert weiß
Kontakt	www.bauwerk.com

Produktart	1-Stab-Landhausdiele, Eiche, geölt
Eigenschaften	4,2 mm Eichedecklage, lufttrocknende Oberfläche ohne UV-Öl, Wachse oder Lacke, schönes mittiges Aderbild, made in Germany vom Stamm bis zur fertig verlegbaren Landhausdiele
Material	3-Schicht-Parkett Eiche
Name	Eiche angeräuchert, cappuccinobraun geölt
Kontakt	www.hain.de

Produktart	1-Stab-Landhausdiele, Nussbaum, geölt
Eigenschaften	4,2 mm Nussbaumdecklage, lufttrocknende Oberfläche ohne UV-Öl, Wachse oder Lacke, schönes mittiges Aderbild, made in Germany vom Stamm bis zur fertig verlegbaren Landhausdiele
Material	3-Schicht-Parkett Nussbaum
Name	Primus Nussbaum perfekt geölt
Kontakt	www.hain.de

Produktart	1-Stab-Landhausdiele, Eiche, angeräuchert
Eigenschaften	4,2 mm Eichedecklage, lufttrocknende Oberfläche ohne UV-Öl, Wachse oder Lacke, schönes mittiges Aderbild, made in Germany vom Stamm bis zur fertig verlegbaren Landhausdiele
Material	3-Schicht-Parkett Eiche
Name	Primus Eiche angeräuchert, leicht weiß geölt
Kontakt	www.hain.de

Produktart	1-Stab-Landhausdiele, Eiche, rustikal
Eigenschaften	Thermisch behandelte Eiche, betont rustikale Sortierung, Oberfläche handgehobelt und porig weiß gekälkt, vollflächige Verklebung
Material	3-Schicht-Parkett Eiche
Name	Listone Giordano Atelier Reserve Siena
Kontakt	www.listonegiordano.com/deutschland

Produktart	3-Schicht-Parkett, Eiche, extra lang
Eigenschaften	3-schichtiger Wertholzaufbau: 3,6 mm Eichedecklage, Nadelholz-mittellage querliegend, Eichegegenzug, extra lange Produktlinie mit Dielenlängen bis 5 m
Material	3-Schicht-Parkett Eiche
Name	XXLong Eiche Grey
Kontakt	www.admonter.at/STIA Holzindustrie GmbH

Produktart	1-Stab-Landhausdiele, Esche
Eigenschaften	Esche, geölte, gewachste oder lackierte Oberfläche (7-fach versiegelt), umlaufende Nut-und-Feder-Verbindung, schwimmend verlegbar oder vollflächg verklebbar, Maße: 2200 x 182 x 14 mm
Material	3-Schicht-Parkett Esche
Name	Valetta Esche Natur Terra
Kontakt	www.scheucher.at

Produktart	1-Stab-Landhausdiele, Eiche, stehende Jahresring
Eigenschaften	Eiche, Mittellage mit stehenden Jahresringen (verbesserte Druck- und Formstabilität), leimfreie schwimmende Verlegung, geeignet für Fußbodenheizung, Brandschutzlackierung möglich
Material	3-Schicht-Parkett Eiche
Name	Parkett Landhausdiele Eiche Old Style mit Fase
Kontakt	www.tilo.com

Produktart	1-Stab-Landhausdiele, Bambus
Eigenschaften	Bambus, sehr harte Oberflächenstruktur durch Bürsten, pigmentiertes Grundieröl auf natürlicher Basis, Oberflächenschutz durch 2-fache transparente Ölung, stapazierfähig, pflegeleicht
Material	3-Schicht-Parkett Bambus
Name	Struktura Landhausdielen 309
Kontakt	www.moso.eu

Produktart	3-Stab-Parkett, Buche
Eigenschaften	3,6 mm Buchedecklage, HDF-Mittellage, Fichtenfurniergegenzug, 7-fache naturmatte Versiegelung mit UV-gehärtetem Acryllack, Masterclick-Plus-Klicksystem, Maße: 2400 x 200 x 14 mm
Material	3-Schicht-Parkett Buche
Name	Schulte Räume Parkett 400 Classic lackiert, Buche 8061 Fineline
Kontakt	www.schulte-raeume.de

Produktart	2-Stab-Landhausdiele, Esche
Eigenschaften	Gesperrt verleimtes Eschenholz à 5 mm, 100 % schadstofffrei, 100 % aus nachhaltig bewirtschafteten Wäldern PEFC, Cfl schwer entflamm-bar + s1, geeignet für Fußbodenheizung, Öko-Test „sehr gut"
Material	3-Schicht-Parkett Esche
Name	Esche Trend Epoca
Kontakt	www.bergland-parkett.at

Produktart	1-Stab-Landhausdiele, Eiche
Eigenschaften	Gesperrt verleimtes Eichenholz, 100 % schadstofffrei, 100 % aus nachhaltig bewirtschafteten Wäldern PEFC, Cfl schwer entflamm-bar + s1, geeignet für Fußbodenheizung, Öko-Test „sehr gut"
Material	3-Schicht-Parkett Eiche
Name	Eiche Kreativ lackiert
Kontakt	www.bergland-parkett.at

Produktart	1-Stab-Parkett, Eiche, lackiert
Eigenschaften	Gesperrt verleimtes Eichenholz, 100 % schadstofffrei, 100 % aus nachhaltig bewirtschafteten Wäldern PEFC, Cfl schwer entflamm-bar + s1, geeignet für Fußbodenheizung, Öko-Test „sehr gut"
Material	3-Schicht-Parkett Eiche
Name	Landhausdiele Eiche Kreativ lackiert
Kontakt	www.bergland-parkett.at

Produktart	3-Schicht-Parkett, Alteiche
Eigenschaften	Eiche, widerstandsfähiges Hartwachsöl, klima- und wasser-beständig, Brandschutzklasse Bfl-s1 möglich, Maße: 1800–8000 x 135–150 x 15–30 mm
Material	3-Schicht-Parkett Eiche
Name	Castellana Alteiche gebeizt
Kontakt	www.boxler.de

Produktart	3-Schicht-Parkett, Amazaque
Eigenschaften	5 mm Echtholzdecklage, widerstandsfähiges Hartwachsöl, klima- und wasserbeständig, Brandschutzklasse Bfl-s1 möglich, Maße: 1800–5000 x 135–300 x 15–21 mm
Material	3-Schicht-Parkett Amazaque
Name	Castellana Amazaque geschliffen
Kontakt	www.boxler.de

Produktart	1-Stab-Landhausdiele, Nussbaum
Eigenschaften	Nussbaum, geölte, gewachste oder lackierte Oberfläche (7-fach versiegelt), leimloses Verriegelungssystem Novoloc, schwimmend verlegbar oder vollflächg verklebbar, Maße: 2200 x 182 x 14 mm
Material	3-Schicht-Parkett Nussbaum
Name	Boa Nuss Natura
Kontakt	www.scheucher.at

Produktart	3-Schicht-Parkett, Eiche geräuchert, handgehobelt
Eigenschaften	5 mm Echtholzdecklage, widerstandsfähiges Hartwachsöl, klima- und wasserbeständig, Brandschutzklasse Bfl-s1 möglich, Maße: 1800–8000 x 135–350 x 15–30 mm
Material	3-Schicht-Parkett Eiche
Name	Castellana Eiche geräuchert, handgehobelt
Kontakt	www.boxler.de

Produktart	1-Stab-Landhausdiele, Lärche, honiggelb
Eigenschaften	Sortierung ausgeglichen, Oberfläche gebürstet/UV-geölt, 4 mm Larchedecklage, Maße: 2000 x 161 x 15 mm, ClickTec-Verbindung, HydroproTec-imprägniert, AkusTec optional, 15 Jahre Garantie
Material	3-Schicht-Parkett Lärche
Name	Lärche sibirisch honiggelb
Kontakt	www.terhuerne.de

Produktart	1-Stab-Parkett, Zebrano
Eigenschaften	Zebrano select superiore, 5 mm Echtholzdecklage, 9 mm Birkensperrholzträger, oxidativ geölt Maße: 500–1200 x 90 x 14 mm
Material	2-Schicht-Parkett Zebrano
Name	Mazzonetto Medio
Kontakt	www.mazzonettoweb.it

Produktart	1-Stab-Parkett, Kirsche, Glossoberfläche
Eigenschaften	Europäische Kirsche select superiore, 4 mm Echtholzdecklage, 6 mm Birkensperrholzträger, 7-fach mit UV-Acryllack matt versiegelt, Gloss 40°, Maße: 500–800 x 70 x 10 mm
Material	2-Schicht-Parkett Kirsche
Name	Mazzonetto Seven
Kontakt	www.mazzonettoweb.it

Produktart	3-Stab-Parkett, Ahorn, weiß
Eigenschaften	Sortierung ausgeglichen, weiß geölt, 3,5 mm Ahorndecklage, Maße: 2390 x 200 x 13 mm, ClickTec-Verbindung, HydroproTec-imprägniert, UV-geölt, AkusTec optional, 30 Jahre Garantie
Material	3-Schicht-Parkett Ahorn
Name	Ahorn Kanadisch polarweiß
Kontakt	www.terhuerne.de

Produktart	1-Stab-Parkett, Bambus
Eigenschaften	4 mm Bambusdecklage, Fichtemittellage, Fichtenfurnier-Gegenzug, Uniclic-System®, schwimmende Verlegung, horizontal angeordnete Nodien, naturhell, Maße: 2000 x 200 x 14 mm
Material	3-Schicht-Parkett Bambus
Name	Werner Floors® Bambus Clicparkett Horizontallamelle naturhell
Kontakt	www.durafloor-werner.de

Produktart	1-Stab-Parkett, Alteiche, Naturöloberfläche
Eigenschaften	4 mm Eichedecklage, 7 mm Fichtestabmittellage, 4 mm Nadelholzgegenzug, symmetrischer Nadelholzaufbau, längsseitige Nut-und-Feder-Verbindung, kleine Fase, Naturöl, UV-Schutz, Schellack
Material	3-Schicht-Parkett Eiche
Name	Alteiche Classic Diele
Kontakt	www.dechristo.de

Produktart	1-Stab-Parkett, Esche, Naturöloberfläche
Eigenschaften	4 mm Eschedecklage, 7 mm Fichtestabmittellage, 4 mm Fichtegegenzug, symmetrischer Nadelholzaufbau, umlaufende Nut-und-Feder-Verbindung kleine Fase, Naturöloberfläche, UV-Schutz
Material	3-Schicht-Parkett Esche
Name	Esche Competition-Line
Kontakt	www.dechristo.de

Produktart	1-Stab-Parkett, Eiche, Naturöloberfläche
Eigenschaften	4 mm Eichedecklage, 7 mm Fichtestabmittellage, 4 mm Nadelholzgegenzug, symmetrischer Nadelholzaufbau, längsseitige Nut-und-Feder-Verbindung, kleine Fase, Naturöl, UV-Schutz, Schellack
Material	3-Schicht-Parkett Eiche
Name	Alteiche Nero Classic Diele
Kontakt	www.dechristo.de

Produktart	1-Stab-Landhausdiele, Eiche, gold
Eigenschaften	Natürlich, offenporig, trendig, warme und angenehme Oberfläche, pflegeleicht
Material	3-Schicht-Parkett Eiche
Name	Tiger Eiche gold, gebürstet, naturgeölt
Kontakt	www.mafi.at

Produktart	1-Stab-Parkett, Zebrano, Naturöloberfläche
Eigenschaften	Fertigparkett Duroforte, gefast, vollflächige Verklebung, Naturöl-Versiegelung, gebürstete und gealterte Oberfläche, leichte Reinigung
Material	2-Schicht-Parkett Zebrano
Name	Trendpark Gala Collection, Zebrano
Kontakt	www.bauwerk.com

Produktart	3-Schicht-Parkett, Lärche schwarz
Eigenschaften	3-schichtiger Wertholzaufbau: 3,6 mm Lärchedecklage, querliegende Nadelholzmittellage, Lärchegegenzug, intensive Oberflächenveredelung
Material	Vollholz Lärche
Name	Intensive Lärche ALT, gehärtet schwarz
Kontakt	www.admonter.at

Produktart	1-Stab-Landhausdiele, Walnuss
Eigenschaften	3-schichtiger Wertholzaufbau: 3,6 mm Walnussdecklage, Nadelholzmittellage, Schälfurnier-Nadelholzgegenzug, außergewöhnliches Format: 120 x 120 mm, Verlegung homogen oder lebhaft
Material	3-Schicht-Parkett Walnuss
Name	City Floor amerikanische Walnuss Elegance
Kontakt	www.admonter.at

Produktart	1-Stab-Landhausdiele, Buche, strukturierte Oberfläche
Eigenschaften	Natürlich, offenporig, trendig, warme und angenehme Oberfläche, pflegeleicht, mit Fase
Material	3-Schicht-Parkett Buche
Name	Fresco Duna Buche dunkel Vulcano
Kontakt	www.mafi.at

Produktart	1-Stab-Landhausdiele, Eiche, Naturöloberfläche
Eigenschaften	Schwarzbraun, Riffelstruktur, astig, Naturöl, Maße: 1900 x 190 x 15 mm, Verriegelungstechnik Woodloc®, geeignet für Fußbodenheizung, 30 Jahre Garantie
Material	3-Schicht-Parkett Eiche
Name	Eiche Ripple Country, Artisan Collection
Kontakt	www.kahrs.de

Produktart	1-Stab-Landhausdiele, Eiche, offenporig
Eigenschaften	Natürlich, offenporig, trendig, warme und angenehme Oberfläche, pflegeleicht
Material	3-Schicht-Parkett Eiche
Name	Nero Korallen Eiche Vulcano weiß
Kontakt	www.mafi.at

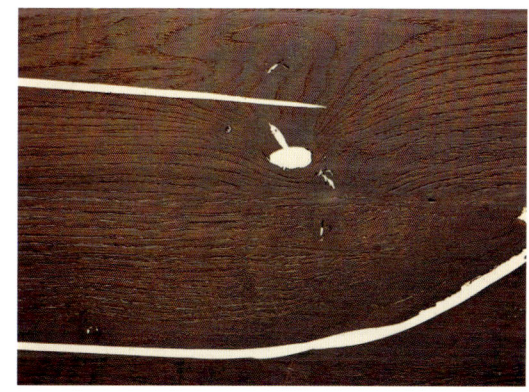

Produktart	1-Stab-Landhausdiele Trapez, Eiche, rustikal, trapezförmig
Eigenschaften	Thermisch gehandelte Eiche, betont rustikale Sortierung, trapezförmig geschnitten, Oberflächensägeschnitte quer zur Faser, Doppelkolorierung grau-anthrazit, nativ geölt, vollflächige Verklebung
Material	3-Schicht-Parkett Eiche
Name	Listone Giordano Natural Genius Atelier Medoc
Kontakt	www.listonegiordano.com/deutschland

Produktart	1-Stab-Parkett, Olive
Eigenschaften	Gelblich-honigfarben, 3,5 mm Olivedecklage, Gegenzug 5-schichtiges Birkensperrholz, UV-Acrylversiegelung, vollflächige Verklebung, hohe Widerstandfähigkeit, Maße: 400–490 x 70 x 10 mm
Material	2-Schicht-Parkett Olive
Name	Venato Extra
Kontakt	www.olivenholz-parkett.de

Produktart	1-Stab-Parkett, Olive
Eigenschaften	3,6 mm Olivedecklage, Birke-Mulitplex-Mittellage, Holzfurniergegenzug, Maße: 800–2200 x 165–190 x 14 mm, Nut-und-Feder-Verbindung, schwimmende Verlegung/vollflächige Verklebung
Material	3-Schicht-Parkett Olive
Name	Listone Calabria Dielen
Kontakt	www.depino-parkett.de

Produktart	Tafelparkett, Olive
Eigenschaften	Olivenholz massiv mit Marmor, Maße: 435/456 x 435/456 x 10 mm, Nut-und-Feder-Verbindung, vollflächige Verklebung
Material	3-Schicht-Parkett Olive
Name	Wood & Marble Classic
Kontakt	www.depino-parkett.de

Produktart	Tafelparkett, Eiche
Eigenschaften	5 mm Echtholzdecklage, Multiplexmittellage, Nadelholzgegenzug, Maße: 800 x 800 x 20 mm, klima- und wasserbeständig, Brandschutzklasse Bfl-s1 ausführbar, widerstandsfähiges Hartwachsöl
Material	3-Schicht-Parkett Eiche
Name	Castellana Tafelparkett Alteiche 3
Kontakt	www.boxler.de

Produktart	1-Stab-Landhausdiele, Eiche, Flechtmuster
Eigenschaften	Farbe natur, Flechtmuster mit Kreuzeinlage, gebürstete und gefaste Deckstäbe, Naturöl, Maße: 1900 x 190 x 15 mm, Nut-und-Feder-Verbindung, geeignet für Fußbodenheizung, 30 Jahre Garantie
Material	3-Schicht-Parkett Eiche
Name	Eiche Croix Nature, Elegance Collection
Kontakt	www.kahrs.com

Produktart	1-Stab-Landhausdiele, Eiche, dehnbare Trennfugen
Eigenschaften	Mittelbraun mit dehnbaren Trennfugen in dunklem Farbton, Naturöl, spritzwasserbeständig, Maße: 1800 x 105 x 15 mm, Verriegelungstechnik Woodloc®, geeignet für Fußbodenheizung
Material	3-Schicht-Parkett Eiche
Name	Eiche mit Dark Strip Marbella Town, Marina Collection
Kontakt	www.kahrs.com

Produktart	1-Stab-Parkett, Merbau, lange Stabelemente
Eigenschaften	4 mm Merbaudecklage, Fichteunterzug, Variationen von Parkett-längen mit überwiegend langen Stabelementen, neutral braun-gelbliche Farbe, ruhige Maserung, Maße: 900–1200 x 90 x 10 mm
Material	2-Schicht-Parkett Merbau
Name	Werner Floors® SL-Line Merbauparkett
Kontakt	www.durafloor-werner.de

Produktart	1-Stab-Parkett, Bambus
Eigenschaften	4 mm Bambusdecklage, Fichtegegenzug, Bambus Strand ist eine der härtesten Parkettarten, feine charakteristische Maserung, edel, modern, Maße: 960 x 96 x 10 mm
Material	2-Schicht-Parkett Bambus
Name	Werner Floors® 2-Schicht Strand Bambusparkett
Kontakt	www.durafloor-werner.de

Produktart	Stäbchenparkett, Nussbaum
Eigenschaften	3-schichtiger Aufbau, leimfreie schwimmende Verlegung, kann verklebt werden, längs- und stirnseitig mit Tilo-Fix-Verbindung, geeignet für Fußbodenheizung
Material	3-Schicht-Parkett Nussbaum
Name	Compact Fertikparkett 2.5 Nuss Slimline
Kontakt	www.tilo.com

Produktart	Hirnholzparkett, Nussbaum, Hirnholz
Eigenschaften	2,5 mm Nussbaumdecklage, HDF-Mittellage, Fichtenfurniergegenzug, naturmatte Versiegelung mit UV-gehärtetem Acryllack, Masterclick-Plus-Klicksystem, Maße: 2400 x 200 x 13 mm
Material	3-Schicht-Parkett Nussbaum
Name	Schulte Räume Parkett 250 Fashion lackiert, Nussbaum europäisch lebhaft 8056 Hirnholz
Kontakt	www.schulte-raeume.com

Produktart	Stäbchenparkett, Nussbaum
Eigenschaften	Fineline, 2,5 mm Nussbaumdecklage, HDF-Mittellage, Fichtenfurniergegenzug, naturmatte Versiegelung, UV-gehärteter Acryllack, Masterclick-Plus-Klicksystem, Maße: 2400 x 200 x 13 mm
Material	3-Schicht-Parkett Nussbaum
Name	Schulte Räume Parkett 250 Fashion lackiert, Nussbaum europäisch lebhaft 8061 Fineline
Kontakt	www.schulte-raeume.com

Produktart	Massivdielen, Lärche
Eigenschaften	3-schichtiger Wertholzaufbau: 3,6 mm Lärchedecklage, Nadelholzmittellage querliegend, Nadelholzgegenzug, neuer Parkettboden im alten Look für ehrwürdige und moderne Räume, kontrastreich
Material	Vollholz Lärche
Name	Antico Lärche Grigio
Kontakt	www.admonter.at/STIA Holzindustrie GmbH

Produktart	2-Stab-Landhausdiele, Eiche, viele Holzarten und Sortierungen
Eigenschaften	Mini-/Maxiplanke, exklusiv, Stärke: 14 mm, 3,6 mm Eichedecklage kann vier- bis fünfmal abgeschliffen werden, ca. 40 Holzarten/ Sortierungen, drei Oberflächenvarianten, Verlegesystem 2-lock
Material	Mehrschicht-Parkett Eiche
Name	Tarkett Holzboden Epoque Eiche, Winter Used Optic
Kontakt	www.tarkett.com

Produktart	3-Stab-Parkett, Eiche
Eigenschaften	Schiffsbodenoptik, exklusiv, Stärke: 14 mm, 3,6 mm Eichendeck- lage kann vier- bis fünfmal abgeschliffen werden, über 50 Holzarten/ Sortierungen, drei Oberflächenvarianten, Verlegesystem 2-lock
Material	Mehrschicht-Parkett Eiche
Name	Tarkett Holzboden Salsa Eiche, Patina weiß
Kontakt	www.tarkett.com

Produktart	3-Stab-Parkett, Esche, Schiffsbodenoptik
Eigenschaften	Schiffsbodenoptik, exklusiv, Stärke: 14 mm, 3,6 mm Eschedeckla- ge kann vier- bis fünfmal abgeschliffen werden, über 50 Holzarten/ Sortierungen, drei Oberflächenvarianten, Verlegesystem 2-lock
Material	Mehrschicht-Parkett Esche
Name	Tarkett Holzboden Salsa Esche, White Pearl
Kontakt	www.tarkett.com

Produktart	2-Stab-Landhausdiele, Eiche
Eigenschaften	Mini-/Maxiplanke, exklusiv, Stärke: 14 mm, 3,6 mm Eichedecklage kann vier- bis fünfmal abgeschliffen werden, ca. 40 Holzarten/ Sortierungen, drei Oberflächenvarianten, Verlegesystem 2-lock
Material	Mehrschicht-Parkett Eiche
Name	Tarkett Holzboden Epoque Eiche, Vintage braun
Kontakt	www.tarkett.com

Produktart	Terrassendiele, Esche
Eigenschaften	Warmer Farbton, astarme Holzart, durch thermische Behandlung wird das Holz sehr gut haltbar und formstabil, geringe Rissbildung
Material	Vollholz
Name	Thermoholz Esche
Kontakt	www.osmo.de

Produktart	Terrassendiele, Bangkirai
Eigenschaften	Hartholz aus nachhaltiger Forstwirtschaft, formstabil, hohe Druckfestigkeit, wasserunempfindlich, hohes Gewicht, Resistenzklasse 2 (15 bis + 25 Jahre Lebensdauer), ohne chemische Behandlung
Material	Vollholz Bangkirai
Name	Bangkirai-Terrassendielen
Kontakt	www.odw-holz.de

Produktart	Terrassendiele, Esche
Eigenschaften	Für höchste Beanspruchung, hohe Formstabilität, geringe Rissbildung, hohe Eindruckfestigkeit, langlebig, Oberfläche vorgeölt
Material	Vollholz Esche
Name	Xterior Thermoesche NATwood
Kontakt	www.tilo.com

Produktart	1-Stab-Terrassendiele, Esche
Eigenschaften	Hochwertige Alternative zu Tropenholz, erfüllt wesentliche Voraussetzungen der Nachhaltigkeit, Natürlichkeit und Qualität, Maße: 1600, 1850, 2000 x 135 x 22 mm
Material	2-Schicht-Parkett Esche
Name	Outdoor Esche thermo
Kontakt	www.admonter.at

Produktart	Terrassenholz, Robinie, freier Verbund
Eigenschaften	Stecksystem, Steckverbinder aus Naturkautschuk, flexibel, angenehmes Trittgefühl, keine Unterkonstruktion notwendig, schnell verlegbar
Material	Vollholz Robinie oder Lärche mit Kautschukverbinder
Name	Quadino
Kontakt	www.quadino.de

Produktart	Terrassenholz, Robinie oder Lärche, Fischgrät
Eigenschaften	Stecksystem, Steckverbinder aus Naturkautschik, flexibel, angenehmes Trittgefühl, keine Unterkonstruktion notwendig, schnell verlegbar
Material	Vollholz Robinie oder Lärche mit Kautschukverbinder
Name	Quadino
Kontakt	www.quadino.de

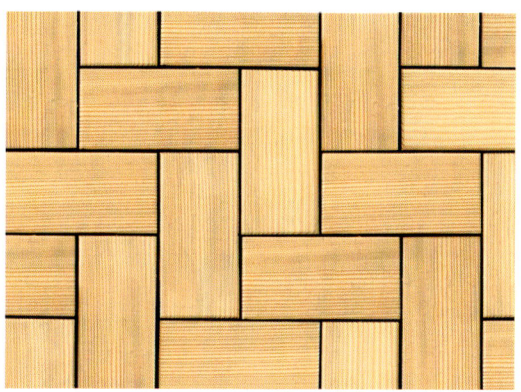

Produktart	Terrassenholz, Lärche
Eigenschaften	Geölte Oberfläche, Härtegrad Klasse 3, nur Hölzer aus zertifizierten europäischen und nordamerikanischen Wäldern, Maße: 2650 x 145 x 25 mm
Material	Vollholz Lärche
Name	Outdoor Classic 7020 Lärche
Kontakt	www.parador.de

Produktart	Terrassenholz, Buche
Eigenschaften	Buche aus heimischen Laubwäldern, Spezialbehandlung mit Wasser und Wärme machen das Holz halt- und belastbar, dimensionsstabil, CO_2-neutral
Material	Vollholz Buche
Name	proGOODWOOD Buche
Kontakt	www.progoodwood.de

Produktart	Terrassendiele, Flüssigholz
Eigenschaften	Bodenelemente für Terrassen, Balkone, Yachthäfen und Boots-stege, UV-resistent, pflegeleicht, strapazierfähig, formstabil
Material	Flüssigholz
Name	UPM ProFi Deck silver green
Kontakt	www.upmprofi.com

Produktart	Terrassendiele, Flüssigholz
Eigenschaften	Bodenelemente für Terrassen, Balkone, Yachthäfen und Boots-stege, UV-resistent, pflegeleicht, strapazierfähig, formstabil
Material	Flüssigholz
Name	UPM ProFi Deck Sunny Beige
Kontakt	www.upmprofi.com

Produktart	Terrassendiele, Holzpolymerwerkstoff
Eigenschaften	Rissfrei, rutschhemmend, vergraut nicht, Brandschutzklasse B2 normal entflammbar, wasserunempflindlich, UV-resistent, recyclingfähig, Breite: 145 mm
Material	Holzpolymerwerkstoff
Name	Barfußdiele Massiv basaltgrau
Kontakt	www.megawood.de

Produktart	Terrassendiele, Holzpolymerwerkstoff
Eigenschaften	Rissfrei, rutschhemmend, vergraut nicht, Brandschutzklasse B2 normal entflammbar, wasserunempflindlich, UV-resistent, recyclingfähig, Breite: 242 mm
Material	Holzpolymerwerkstoff
Name	Barfußdiele Jumbo nussbraun
Kontakt	www.megawood.de

Produktart	Laminat-Diele Holznachbildung
Eigenschaften	Echtholzoberfläche (0,6 mm) digital bedruckt, mehrschichtige UV-Lackierung, HDF Aquastop E0, Echtholzgegenzug, Maße: 1380 x 1116 x 10,5 mm (Schmaldiele), Nutzungsklasse 31
Material	Echtholz
Name	Kaindl TWO H30210 Erdulme Zimt
Kontakt	www.kaindl.com

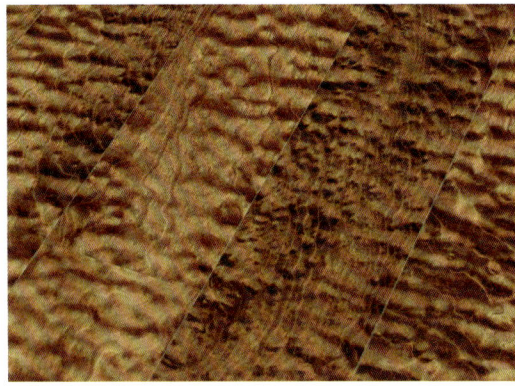

Produktart	Laminat-Diele Holznachbildung
Eigenschaften	Echtholzoberfläche (0,6 mm) digital bedruckt, mehrschichtige UV-Lackierung, HDF Aquastop E0, Echtholzgegenzug, Maße: 1380 x 1116 x 10,5 mm (Schmaldiele), Nutzungsklasse 31
Material	Echtholz
Name	Kaindl TWO H10220 Maple Curly braun
Kontakt	www.kaindl.com

Produktart	Laminat-Paneel Holzoptik
Eigenschaften	Laminatboden extralang und -breit: 1376 x 240 x 10 mm, stoßfeste DPL-Oberfläche, Aqua-Protect-Träger für Feuchträume und stark beanspruchte Flächen, geeignet für Maschinenreinigung
Material	EPL (elektronenstrahlgepresstes Laminat)
Name	Objekt Laminat Grande, portugiesische Eiche
Kontakt	www.witex.de

Produktart	Laminat-Paneel Holzoptik
Eigenschaften	PVC-Design-Bodenbelag auf Paneel, schwimmende Verlegung mit Uniclic-Verbindung, PU-Vergütung, Korkunterlage, HDF-Layer
Material	DPL (direktverpresstes Laminat)
Name	Expona Clic 2716 Light Elm
Kontakt	www.objectflor.de

Produktart	Dielenoptik mit rustikaler Struktur, Antique Look
Eigenschaften	Breite: 156 mm (Plankeneffekt), vierseitige V-Fuge für klassische Dielenoptik, geeignet für Fußbodenheizung, quellarme HDF-Träger-platte, patentierte Uniclic-Verbindung, Beanspruchungsklasse 32
Material	EPL (elektronenstrahlgepresstes Laminat)
Name	Moderna® Vision, Afrikanisches Rosenholz
Kontakt	www.bhk.de

Produktart	Laminat-Diele Holznachbildung
Eigenschaften	Schiffsdeckoptik, Maße: 1376 x 113 x 10 mm, geeignet für Feucht-räume, robust, beständig, strapazierfähig, vormontierte schwarze Inlays an der Längsseite, Kronotex-Verriegelungstechnik
Material	DPL mit Kunststoffkeder
Name	Ocean Schiffsdeck, D 2443 Teak classic MO
Kontakt	www.kronotex.com

Produktart	Laminat 1-Stab Holznachbildung
Eigenschaften	HDF-Trägerplatte, Gegenzug, antistatisches Dekorpapier, spezial-beharztes Overlay, Maße: 2052 x 208 x 9 mm, Trittschalldämmung optional, längssseitige V-Fuge, Masterclick-Plus-Klicksystem
Material	HDF-Trägerplatte, Dekorpapier, beharztes Overlay
Name	Schulte Räume Laminat 200 V-Diele Plus, Douglasie geräuchert 6088
Kontakt	www.schulte-raeume.de

Produktart	Laminat 2-Stab Holznachbildung
Eigenschaften	HDF-Trägerplatte, Gegenzug, antistatisches Dekorpapier, spezial-beharztes Overlay, Maße: 1287 x 198 x 7 mm, Trittschallkaschie-rung optional, Masterclick-Plus-Klicksystem, verschiedene Optiken
Material	HDF-Trägerplatte, Dekorpapier, beharztes Overlay
Name	Schulte Räume Laminat 200 Plus, Pappel 788
Kontakt	www.schulte-raeume.de

Produktart	Laminat-Diele Holznachbildung
Eigenschaften	Echtholzoberfläche (0,6 mm) digital bedruckt, mehrschichtige UV-Lackierung, HDF Aquastop E0, Echtholzgegenzug, Maße: 1380 x 1116 x 10,5 mm (Schmaldiele), Nutzungsklasse 31
Material	Echtholz
Name	Kaindl TWO H30140 Birke Maser Ornament hell
Kontakt	www.kaindl.com

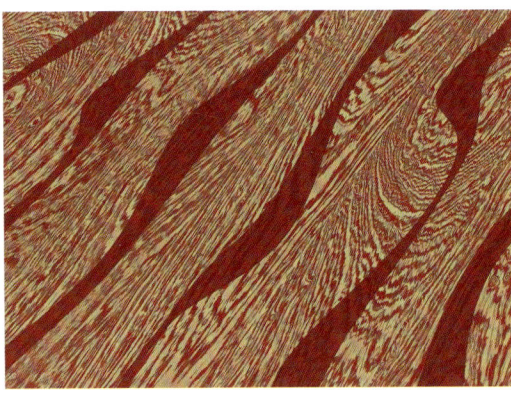

Produktart	Laminat-Diele Holznachbildung
Eigenschaften	Echtholzoberfläche (0,6 mm) digital bedruckt, mehrschichtige UV-Lackierung, HDF Aquastop E0, Echtholzgegenzug, Maße: 1380 x 1116 x 10,5 mm (Schmaldiele), Nutzungsklasse 31
Material	Echtholz
Name	Kaindl TWO H30120 Wenge Zebra rot
Kontakt	www.kaindl.com

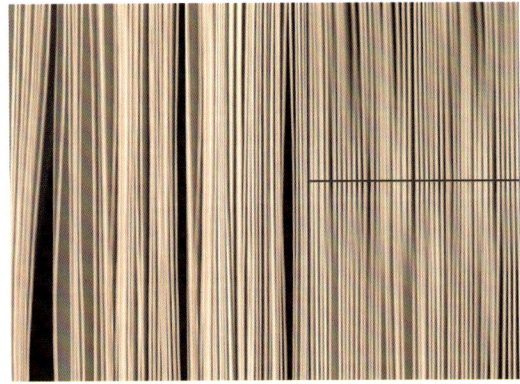

Produktart	Laminat Grafikoberfläche
Eigenschaften	Entwickelt vom international herausragenden Designer Ben van Berkel, Maße: 1285 x 400 x 8 mm, ProAir-System, Rundum-Kanten-Imprägnierung, hochabriebfeste Deckschicht
Material	Melaminharz-Overlay, digital bedrucktes Dekorpapier im ArtPrint-Verfahren, speziell geschützte HDF-Trägerplatte
Name	Laminat Edition 1, Ben van Berkel Driftwood
Kontakt	www.parador.de

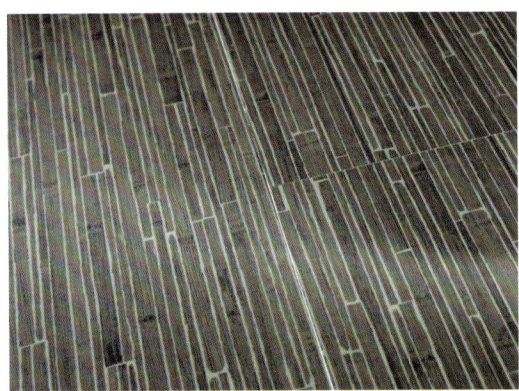

Produktart	Laminat-Paneel Lackoberfläche
Eigenschaften	Objektboden 11,4 mm, 1 mm HPL-Deckschicht X-Protect hoch glänzend, Aqua-Protect-Träger (Feuchträume, stark beanspruchte Flächen), Beanspruchungsklassen 23/33
Material	EPL (elektronenstrahlgepresstes Laminat)
Name	Designboden Color+, Reed
Kontakt	www.witex.de

Produktart	Laminat-Fliese
Eigenschaften	Mehrschichtige UV-Lackierung, HDF Aquastop E0, Maße: 1380 x 1116 x 10 mm, Beanspruchungsklasse 31
Material	HPL-Trägerplatten, PE-Folie
Name	Kaindl THREE F40330 Marrakesch 1
Kontakt	www.kaindl.com

Produktart	Laminat-Fliese Steinnachbildung
Eigenschaften	Mehrschichtige UV-Lackierung, HDF Aquastop E0, Maße: 1380 x 1116 x 10 mm, Beanspruchungsklasse 31
Material	HPL-Trägerplatten, PE-Folie
Name	Kaindl THREE F40054 Travertin rot
Kontakt	www.kaindl.com

Produktart	Laminat-Fliese Steinoptik
Eigenschaften	Stoß- und abriebfest wie Keramikfliesen, trotzdem warm wie Laminatfußboden, für kleine und große Flächen, keine aufwendige Vorbereitung
Material	WPL (Kunstharz und Holzfasern)
Name	CERRAtex, C002 Kilimanjaro GS L4
Kontakt	www.kronotex.com

Produktart	Laminat-Paneel Steinoptik
Eigenschaften	PVC-Design-Bodenbelag auf Paneel, schwimmende Verlegung mit Uniclic-Verbindung, PU-Vergütung, Korkunterlage, HDF-Layer
Material	DPL (direktverpresstes Laminat)
Name	Expona Clic 2701 Pebblestone
Kontakt	www.objectflor.de

Produktart	Laminat Lackoberfläche
Eigenschaften	Ausdrucksstarke Farbtöne, L-Fuge in unterschiedlichen Farben erhältlich, Maße: 644 x 310 x 8 mm, hohe Festigkeit
Material	EPL (elektronenstrahlgepresstes Laminat)
Name	U 190 Glamour Gloss Art schwarz HG
Kontakt	www.kronotex.de

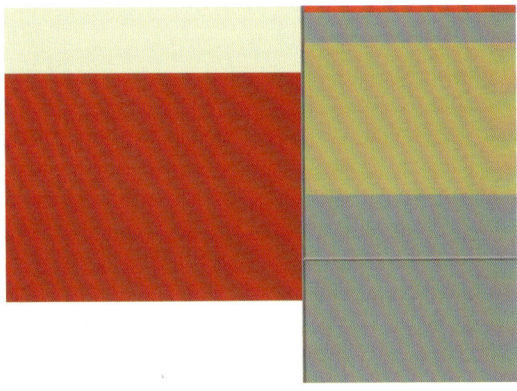

Produktart	Laminat Grafikoberfläche
Eigenschaften	HDF-Trägerplatte, Gegenzug, antistatisches Dekorpapier, spezial-beharztes Overlay, Maße: 632 x 325 x 8 mm, Masterclick-Plus-Klicksystem, Beanspruchungsklasse 23/33, verschiedene Optiken
Material	HDF-Trägerplatte, Dekorpapier, spezialbeharztes Overlay
Name	Schulte Räume Laminat 250 Format Design
Kontakt	www.schulte-raeume.de

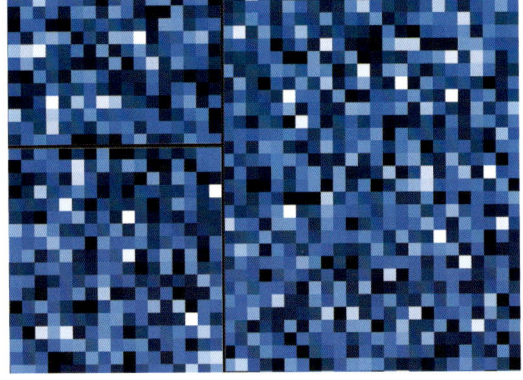

Produktart	Laminat Grafikoberfläche
Eigenschaften	Klick-Laminat im designorientierten Großformat, patentierte Klickmechanik mit Safe-Lock®-Profil, Maße: 1285 x 400 x 8 mm, Nutzungsklasse 32
Material	Melaminharz-Overlay, digital bedrucktes Dekorpapier im ArtPrint-Verfahren, speziell geschützte HDF-Trägerplatte
Name	Laminat TrendTime 4, Pixel Blue
Kontakt	www.parador.de

Produktart	Laminat-Paneel Lackoberfläche
Eigenschaften	Objektboden 11,4 mm, 1 mm HPL-Deckschicht X-Protect hoch-glänzend, Aqua-Protect-Träger (Feuchträume, stark beanspruchte Flächen), Beanspruchungsklasse 23/33
Material	EPL (elektronenstrahlgepresstes Laminat)
Name	Designboden Color, weiß Hochglanz
Kontakt	www.witex.de

Produktart	Laminat Grafikoberfläche
Eigenschaften	Beanspruchungsklasse 33, Brandschutzklasse B, TitanX™ Advanced, PerfectFold™, SoftTech™, Compact SoundBloc™, antistatisch, antimikrobiell, 6 Formate erhältlich
Material	HPL (Hochdrucklaminat) mit TitanX™ Advanced, HDF (hochdichte Faserplatte), Gegenzug/Aufkaschierung: Compact SoundBloc™
Name	Original Excellence 70208-0375
Kontakt	www.pergo.com

Produktart	Laminat Grafikoberfläche
Eigenschaften	Entwickelt vom international herausragenden Designer Ora Ito, Maße: 1285 x 400 x 8 mm, ProAir-System, Rundum-Kantenimprägnierung
Material	Melaminharz-Overlay, digital bedrucktes Dekorpapier im ArtPrint-Verfahren, speziell geschützte HDF-Trägerplatte
Name	Laminat Edition 1, Ora Ito Infinity Capsule
Kontakt	www.parador.de

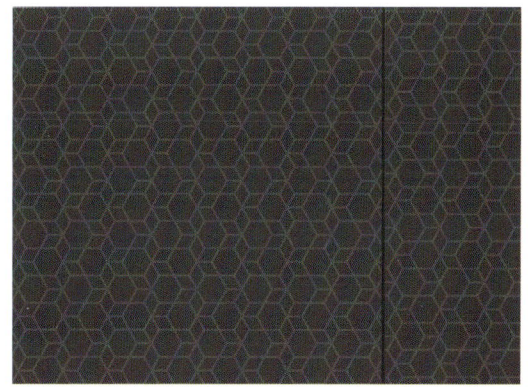

Produktart	Laminat Grafikoberfläche
Eigenschaften	Beanspruchungsklasse 33, Brandschutzklasse B, TitanX™ Advanced, PerfectFold™, Soft Tech™, Compact SoundBloc™, antistatisch, antimikrobieli, 6 Formate erhältlich
Material	HPL (Hochdrucklaminat) mit TitanX™ Advanced, HDF (hochdichte Faserplatte), Gegenzug/Aufkaschierung: Compact SoundBloc™
Name	Original Excellence 70208-0379
Kontakt	www.pergo.com

Produktart	Laminat Grafikoberfläche
Eigenschaften	Rückseite einer Pokerkarte als Designvorlage, Maße: 1285 x 400 x 8 mm, ProAir-System, Rundum-Kantenimprägnierung, patentierte Klickmechanik mit Safe-Lock®-Profil
Material	Melaminharz-Overlay, digital bedrucktes Dekorpapier im ArtPrint-Verfahren, speziell geschützte HDF-Trägerplatte
Name	Laminat Edition 2, Poker
Kontakt	www.parador.de

Produktart	Laminat-Diele Lederoptik
Eigenschaften	Vinyl-PVC, schwimmende Verlegung, HDF- und Korkträgerplatte, innovative Oberflächenstrukturen, 200 m² Verlegung ohne Übergangsprofile, Anti-Rutsch-Schutz, trittschalloptimiert (18 dB)
Material	HDF-Trägerplatte, Korkunterzug
Name	Floover Original, Krokodil LE1603
Kontakt	www.floover.com

Produktart	Lederfliesen
Eigenschaften	Luxuriös, in natürlichem Kastanienextrakt gegerbt, geeignet für Böden und Wände im Innenbereich, verschiedene Farben und Größen, mit und ohne Trägerplatte
Material	Leder mit/ohne Trägerplatte
Name	Cuoio Arredo Lederfliesen
Kontakt	www.hbmconsulting.com

Produktart	Laminat-Diele Leder
Eigenschaften	Lederfaserstoff-Oberfläche (Leder, Naturlatex, Naturfett und Naturgerbstoff), sinnvolle Alternative zu echtem Leder, strapazierfähig, fußwarm, leise, elegant, zeitlos, leimloses Klicksystem toploc®
Material	Lederfaserstoff auf HDF-Platte, Korkunterzug
Name	Veledo torro
Kontakt	www.tretford.eu

Produktart	Laminat-Diele Leder
Eigenschaften	Lederfaserstoff-Oberfläche (Leder, Naturlatex, Naturfett und Naturgerbstoff), sinnvolle Alternative zu echtem Leder, strapazierfähig, fußwarm, leise, elegant, zeitlos, leimloses Klicksystem toploc®
Material	Lederfaserstoff auf HDF-Trägerplatte, Korkunterzug
Name	Veledo angus
Kontakt	www.tretford.eu

Produktart	Laminat Metallnachbildung
Eigenschaften	Beanspruchungsklasse 33, Brandschutzklasse B, TitanX™ Advanced, PerfectFold™, Soft Tech™, Compact SoundBloc™, antistatisch, antimikrobiell, Maße: 40 x 40 cm
Material	HPL (Hochdrucklaminat) mit TitanX™ Advanced, HDF (hochdichte Faserplatte), Gegenzug/Aufkaschierung: Compact SoundBloc™
Name	Original Excellence, Fliese Metallic 70208-0380
Kontakt	www.pergo.com

Produktart	Bodenbeleuchtung für den Innenbereich
Eigenschaften	Enthält 3 LED-Lampen, Transformator, Anschlussset, 5-m-Kabel, 3-m-Kabel, Standardstecker. Farbadapter: 3 x rot, 3 x blau, 3 x gelb, 3 x transparent
Material	LED-Lampen mit Zubehör
Name	Bodenbeleuchtungsset für den Innenbereich Art. Nr. 45500
Kontakt	www.pergo.com

Produktart	Laminat Holznachbildung
Eigenschaften	Synchron geprägte Oberfläche, strapazierfähig, robust, einfach zu pflegen, antistatisch, Maße: 1292 x 194 x 8 mm, Beanspruchungsklasse 23/32, Umweltauszeichnung „Blauer Engel"
Material	HDF-Trägerplatte, DPL (direktverpresstes Laminat)
Name	Laminatboden Lamin'Art 832, Patchwork Cappuccino 8213296
Kontakt	www.tarkett-floors.com

Produktart	Laminat Betonnachbildung
Eigenschaften	„Moisture Resistance Technology" = feuchtigkeitsabweisend, rutschhemmende Oberfläche, widerstandsfähig gegen Stöße, Schmutz und Flecken, Umweltauszeichnung „Blauer Engel"
Material	HDF-Trägerplatte, DPL (direktverpresstes Laminat)
Name	Laminatboden Aquastyle 832, Beton hell 8121284
Kontakt	www.tarkett-floors.com

ELASTISCHE BODENBELÄGE

Elastische Bodenbeläge sind strapazierfähig und pflegeleicht und eignen sich damit auch für stark beanspruchte Bereiche wie Schulen oder Eingangszonen. In Form von Bahnen können große Flächen mit wenigen Fugen verlegt werden. Für stabilen Halt der Beläge, die es neben der Bahnenware auch in Fliesenform gibt, sorgt die vollflächige Verklebung mit dem Untergrund. Speziell bei den Kunststoffböden existiert ein unendlicher Farben-, Formen- und Dessinreichtum. Daher wird bei dieser Gattung auch gern von Deignböden gesprochen.

02.01 Elastomer
Naturkautschuk, Synthesekautschuk
Linoleum
PVC, Designbodenbeläge, Vinyl
Kork

050

050

050

050

051

051

051

051

052

052

052

052

053

053

053

053

054

054

054

054

055

055

055

055

056

056

056

056

057

057

057

057

058

058

058

058

058

060

060

060

060

061

061

061

061

062

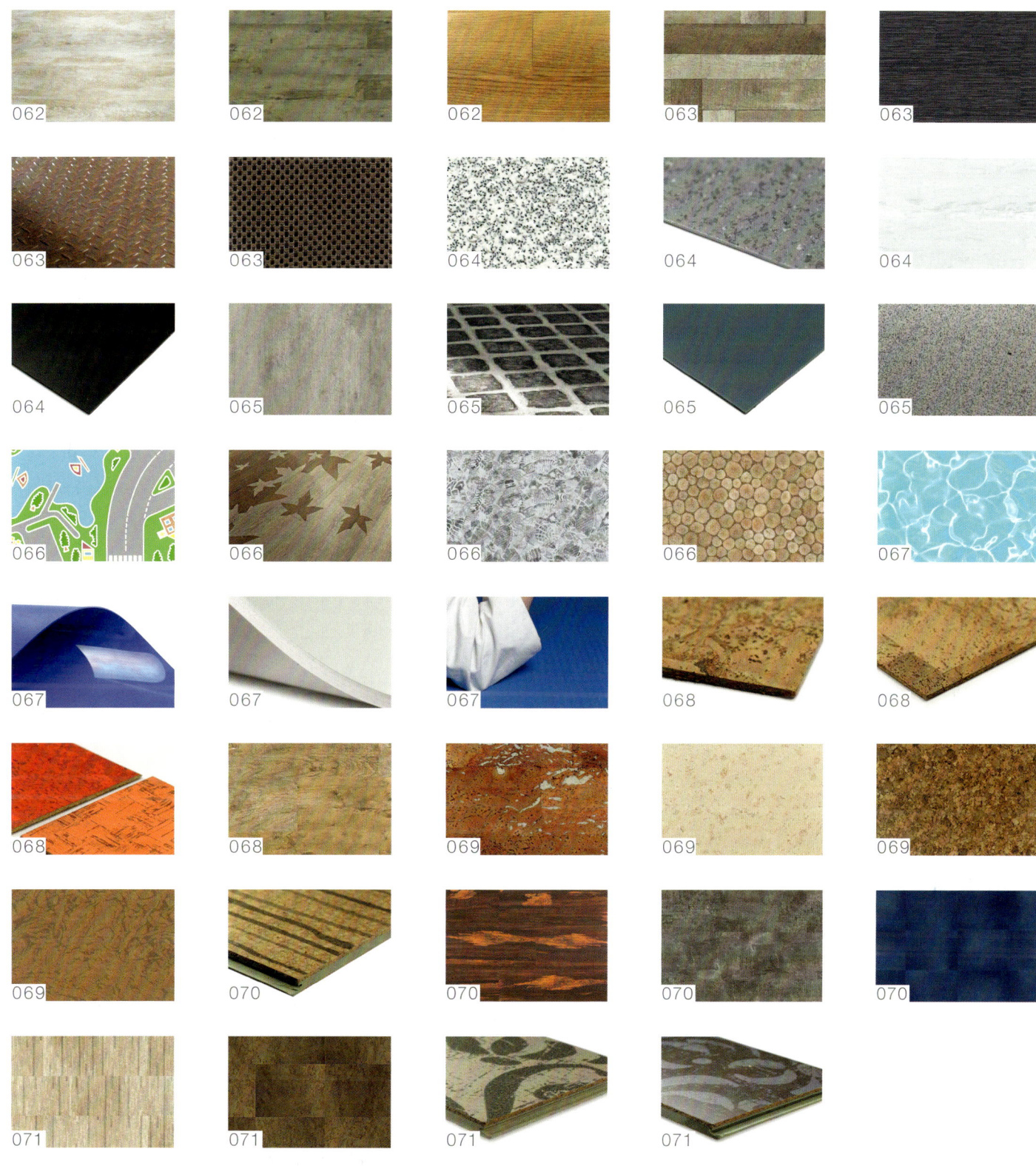

062 062 062 063 063

063 063 064 064 064

064 065 065 065 065

066 066 066 066 067

067 067 067 068 068

068 068 069 069 069

069 070 070 070 070

071 071 071 071

Produktart	Gummigranulat Bahnenware
Eigenschaften	Bahnenbreite: 125 cm, Stärke: 4 mm, Brandschutzklasse Cfl-s1, Gewicht: 5,40 kg/m², Temperaturbeständigkeit: −40 bis 115 °C
Material	Polyurethangebundene EPDM-Granulate
Name	J 545 weiß
Kontakt	www.expomobil.de

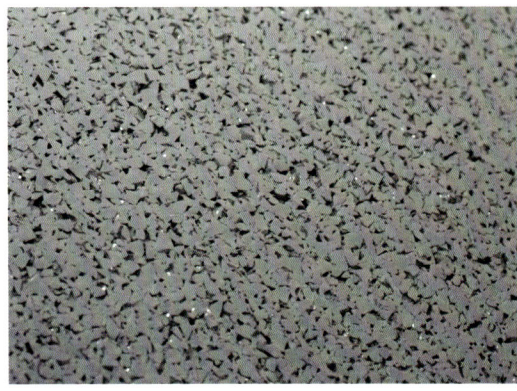

Produktart	Gummigranulat Bahnenware
Eigenschaften	Bahnenbreite: 125 cm, Stärke: 4 mm, Brandschutzklasse Cfl-s1, Gewicht: 4,64 kg/m², Temperaturbeständigkeit: −40 bis 115 °C
Material	Polyurethangebundene EPDM-Granulate
Name	K 292 Glitzer
Kontakt	www.expomobil.de

Produktart	Kautschuk changierend
Eigenschaften	Dauerelastisch, zigarettenbeständig, gutes Rückstellvermögen, keine Verfugungen
Material	Synthetischer Kautschuk
Name	Multifloor ND-Nat M 00 Carbon
Kontakt	www.objectflor.de

Produktart	Kautschuk-Planke, Rillenstruktur
Eigenschaften	Dauerelastisch, zigarettenbeständig, gutes Rückstellvermögen, keine Verfugungen, Lieferform: Dielen, designed by Sottsass Associati
Material	Synthetischer Kautschuk
Name	Ebony N 004
Kontakt	www.objectflor.de

Produktart	Kautschuk-Bahnenware strukturiert
Eigenschaften	Dauerelastisch, zigarettenbeständig, gutes Rückstellvermögen, keine Verfugungen
Material	Synthetischer Kautschuk
Name	Zeus 220 Z 722 Golf 3
Kontakt	www.objectflor.de

Produktart	Kautschuk-Bahnenware/-Fliese, Kokosfaserfragmente
Eigenschaften	Dauerelastisch, zigarettenbeständig, gutes Rückstellvermögen, keine Verfugungen, eingestreute Schnipsel, designed by Sottsass Associati
Material	Synthetischer Kautschuk homogen
Name	Kayar K 39
Kontakt	www.objectflor.de

Produktart	Kautschuk-Fliese, unregelmäßige Rundnoppen
Eigenschaften	Dauerelastisch, zigarettenbeständig, gutes Rückstellvermögen, keine Verfugungen, ausgezeichnet mit dem red-dot-Award productdesign 2008 sowie iF-design-Award 2008
Material	Synthetischer Kautschuk
Name	Zero. 4 Y 510
Kontakt	www.objectflor.de

Produktart	Kautschuk-Fliese, Rundnoppen
Eigenschaften	Dauerelastisch, zigarettenbeständig, gutes Rückstellvermögen, keine Verfugungen
Material	Synthetischer Kautschuk
Name	BS Classic Y 507 Helios 3
Kontakt	www.objectflor.de

Produktart	Gummigranulat
Eigenschaften	Fugenlos, trittschalldämmend, elastisch, rissüberbrückend, feuchtigkeits- und nässeunempfindlich, brandhemmend, für Innen- und Außenbereich geeignet
Material	Gummigranulat, EP- und PU-Harze, Siegel
Name	Haltopex® G 017
Kontakt	www.marquart-fussbodentechnik.de

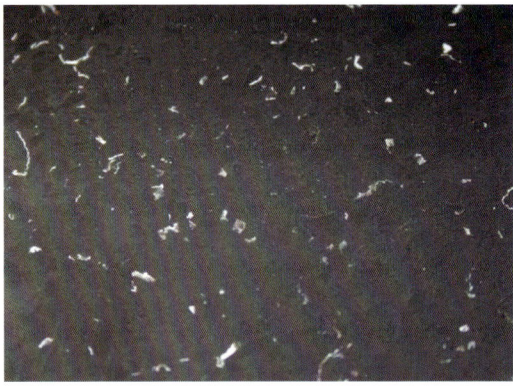

Produktart	Gummigranulatbelag
Eigenschaften	Fugenlos, trittschalldämmend, elastisch, rissüberbrückend, feuchtigkeits- und nässeunempfindlich, brandhemmend, für Innen- und Außenbereich geeignet
Material	Gummigranulat, EP- und PU-Harze, Siegel
Name	Haltopex® 6000 + Alu
Kontakt	www.marquart-fussbodentechnik.de

Produktart	Kautschuk-Bahnenware Chipeinstreuung
Eigenschaften	Stärke: 3 mm, Bahnenbreite: 190 cm, großes Spektrum an Grundfarben, mit Chipeinstreuung und Dekor, hohe Formbeständigkeit, abriebfest, Brandschutzklasse B1
Material	100 % nicht regenerierter synthetischer Kautschuk
Name	Mondo Idea Decors Spot 2
Kontakt	www.mondo.de

Produktart	Kautschuk-Bahnenware Chipeinstreuung
Eigenschaften	Stärke: 3 mm, Bahnenbreite: 190 cm, großes Spektrum an Grundfarben, mit Chipeinstreuung und Dekor, hohe Formbeständigkeit, abriebfest, Brandschutzklasse B1
Material	100 % nicht regenerierter synthetischer Kautschuk
Name	Mondo Idea Decors Worm 2
Kontakt	www.mondo.de

Produktart	Gummipflaster-Platte
Eigenschaften	Handlich, steckbar, Oberfläche optimiert Traktion, spritzwasserbeständig
Material	Kunststoffmix
Name	Sportflex
Kontakt	www.mondo.de

Produktart	Elastik-Bahnenware
Eigenschaften	Anti-Rutsch-Belag, Stärke: 6 mm, Bahnenbreite: 1500 mm, bunt, elastisch, wasserdurchlässig, druckbeständig
Material	Polyurethangebundene Gummigranulate
Name	MT 2000
Kontakt	www.marotech.de

Produktart	Sportboden
Eigenschaften	Stärke: 8 mm, leichte und schnelle Verlegung durch puzzelbares Stecksystem, präzise Verbindung, Unitgrundton mit Chipein-streuung, hoch kratz- und abriebfest, Brandschutzklasse B
Material	100% nicht regenerierter synthetischer Kautschuk
Name	Highjolt F 07 Yellow Flash
Kontakt	www.mondo.de

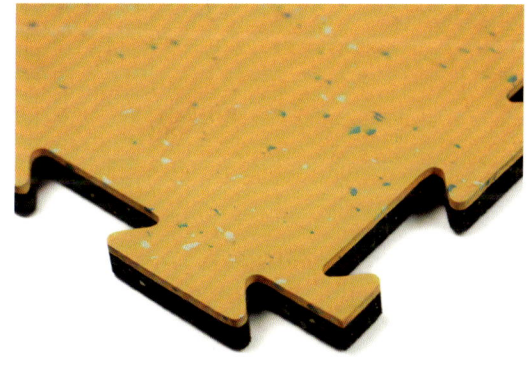

Produktart	Elastische Bahnenware
Eigenschaften	Elastischer Spezialboden für zahlreiche Anwendungsbereiche, attraktives Design, schnelle und einfache Verlegung, rutschfest, enorm widerstandsfähig, immer wieder rollbar
Material	Polyurethangebundene Gummigranulate (SBR und/oder EPDM)
Name	Everroll®
Kontakt	www.berleburger.com

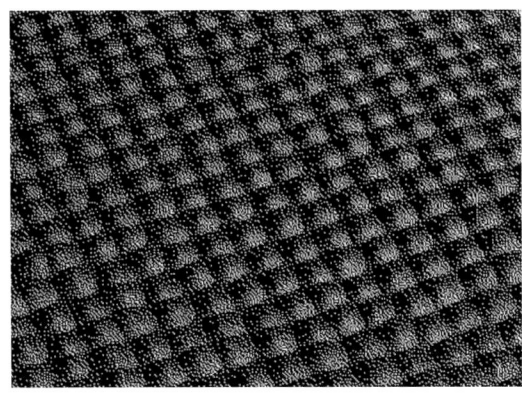

Produktart	Gummimatte
Eigenschaften	Isolierend, abpolsternd, flüssigkeitsundurchlässig, urinbeständig, konzipiert für Pferdeanhänger und Transporter, Hammerschlagoberfläche, Maße: 1500 x 3000 x 6 mm, Gewicht: ca. 34 kg/St.
Material	Naturgummi
Name	Anhänger Bodenbelag schwarz
Kontakt	www.sanger.de

Produktart	Gummipflaster
Eigenschaften	Elastisch, stoßdämpfend, dämmt Schall- und Trittgeräusche, witterungsbeständig, raue Oberfläche für sicheren Tritt, vielseitige Anwendung, Maße: 1000 x 500 x 10/15 mm
Material	100% Gummi (Recyclinggummi)
Name	Prima Pflaster Hex schwarz
Kontakt	www.sanger.de

Produktart	Gummipflaster
Eigenschaften	Elastisch, stoßdämpfend, für fuß- und gelenkschonendes Gehen, geeignet für Innen- und Außenbereiche (z.B. Balkone, Terrassen, Haustierausläufe), Maße: 160 x 200 x 23/43 mm
Material	Recycling-Gummigranulat mit PU-Verbundverklebung
Name	Prima Pflaster Knochen rot
Kontakt	www.sanger.de

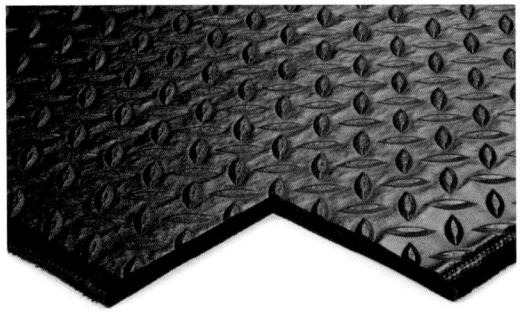

Produktart	Arbeitsplatzmatte
Eigenschaften	Gelenkschonend, Schutz vor Feuchtigkeit und Kälte am Arbeitsplatz, rutschhemmende Strukturoberfläche, Härte: 40° Shore, Maße: 900 x 600 mm oder 1500 x 900 mm
Material	Vinylschaum
Name	Arbeitsmatte Sano Schwarz
Kontakt	www.sanger.de

Produktart	Gummi Allzweck
Eigenschaften	Robuste Rollenware für Bautenschutz, Unterlage von Fahrstellplätzen, Geh- und Fahrwegen bei Veranstaltungen, Lagerwesen, Stallungen, Maße: 2 x 3 m, Stärke: 12 mm, Unterseite: Riefenstruktur
Material	Gummi mit Textileinlage
Name	Prima Rolle Universal schwarz
Kontakt	www.sanger.de

Produktart	Elastikfliese
Eigenschaften	Vielseitig einsetzbar, wasserdurchlässig, frostsicher, elastisch, Plattenränder mit Nut-und-Federsystem, Unterseite mit Dränage, verlegbar auf gebundenen/ungebundenen Tragschichten
Material	Polyurethanverbundenes Gummigranulat (Reifenrecycling)
Name	E 030 grau
Kontakt	www.warco.de

Produktart	Stallplatte
Eigenschaften	Robuste Stallplatte für Pferdehaltung, wasserdurchlässig, frostsicher, beständig, komfortabel, langlebig, leicht profilierte Plattenunterseite, besonders geeignet auf ungebundenen Tragschichten
Material	Polyurethanverbundenes Gummigranulat (Reifenrecycling)
Name	SK 42
Kontakt	www.warco.de

Produktart	Fallschutzplatte
Eigenschaften	Robuste Fallschutzplatte für öffentliche und private Flächen, Fallhöhe bis 150 cm, Ballspielplatte, wasserdurchlässig, frostsicher, beständig, komfortabel, langlebig, Unterseite mit Dränage
Material	Polyurethanverbundenes Gummigranulat (Reifenrecycling)
Name	F 043 rot
Kontakt	www.warco.de

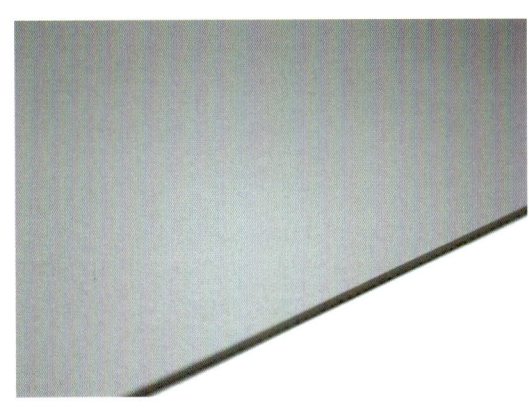

Produktart	Linoleum-Bahnenware
Eigenschaften	20 monochrome Farben erhältlich, Bahnenbreite: 200 mm, Stärken: 2,5/3,2 mm, PUR-Vergütung, Brandschutzklasse Bfl-s1, Rutschhemmung R9
Material	Linoleum
Name	Linoleum Uni Walton PUR
Kontakt	www.armstrong.de

Produktart	Linoleum-Bahnenware Bronze-Look
Eigenschaften	Überwiegend nachwachsende Rohstoffe, Umweltlabels, antibakteriell, glatt, feiner Bronzeschleier, Multicolor-Schmelzdraht, Bahnenbreite: 200 cm, Belagsstärke: 2,5 mm, Beanspruchungsklasse 34
Material	Linoleum
Name	Lino Art / Bronce LPX / cool brown 212-069
Kontakt	www.armstrong.de

Produktart	Linoleum-Bahnenware Streifendessin
Eigenschaften	Überwiegend nachwachsende Rohstoffe, Umweltlabels, antibakteriell, dezentes Streifendessin, Multicolor-Schmelzdraht, Bahnenbreite: 200 cm, Belagsstärke: 2,5 mm, Beanspruchungsklasse 34
Material	Linoleum
Name	Lino Art / Linea LPX / light grey 365-083
Kontakt	www.armstrong.de

Produktart	Linoleum marmoriert
Eigenschaften	Gesamtstärke: 2,5 mm, gewolktes Dessin, xf-Oberflächenvergütung, extrem hohe Widerstandsfähigkeit gegen Abrieb und Chemikalien, einfache Reinigung und Pflege, nachhaltig
Material	Linoleum, Juteträger
Name	Linoleum xf Veneto 1872684
Kontakt	www.tarkett-commercial.com/de/

Produktart	Linoleum-Bahnenware marmorierend
Eigenschaften	Überwiegend nachwachsende Rohstoffe, Umweltlabels, antibakteriell, richtungsfreie Optik (56 Farben), Bahnenbreite: 200 cm, Belagsstärken: 2,5/3,2 mm, Beanspruchungskl. 34, Accoustic Plus
Material	Linoleum
Name	Marmorette LPX / Lobster Red 121-018
Kontakt	www.armstrong.de

Produktart	Linoleum-Bahnenware Chipstruktur
Eigenschaften	Überwiegend nachwachsende Rohstoffe, Umweltlabels, Optik: Chipstruktur, uni Schmelzdraht, Bahnenbreite: 200 cm, Belagsstärke: 2,5 mm, Beanspruchungsklasse 34
Material	Linoleum
Name	Lino Art / Star LPX / black 144-080
Kontakt	www.armstrong.de

Produktart	Linoleum strukturiert
Eigenschaften	Nachhaltig, pflegeleicht, angenehm fußwarm, trittelastisch, strukturierte Oberfläche, natürliche Optik, objektgeeignet bis Beanspruchungsklasse 23/32, Zertifizierungen: Natureplus, Blauer Engel
Material	Linoleumzement mit Korkmehl, Juterücken
Name	Touch duet
Kontakt	www.forbo-flooring.de

Produktart	Linoleum-Bahnenware geprägt
Eigenschaften	Reliefartige Krokoprägung der Oberfläche, vier Farbtöne erhältlich, robust, Bahnenware, Breite: 2,0 m, Stärke: 2,5 mm, Beanspruchungsklassen: 23 (Wohnen), 34 (Gewerbe), 42/43 (Industrie)
Material	Linoleumzement aus Leinöl, Jutegewebe als Trägermaterial
Name	Walton crocodiles, black croco C 123
Kontakt	www.forbo-flooring.de

Produktart	Linoleum kontrastreich
Eigenschaften	Nachhaltig, strapazierfähig, hygienisch, angenehm fußwarm, antistatisch, antibakteriell, objektgeeignet, entspricht EN 548, Zertifizierungen: Natureplus, Blauer Engel
Material	Linoleumzement aus Leinöl, Holz-/Kalksteinfeinmehl, Farbpigmente, Juterücken
Name	Artoleum Graphic
Kontakt	www.forbo-flooring.de

Produktart	Linoleum-Fertigboden
Eigenschaften	Antistatisch, antibakteriell, Brandschutzklasse Cfl s1, geeignet für Fußbodenheizung/Stuhlrollen, Kork-Trittschalldämmung, leimfreie schwimmende Verlegung/Fix-Verbindung, zigarettenbeständig
Material	Linoleum, HDF-Mittellage, Korkgegenzug
Name	Tilolino Fertigboden indigo
Kontakt	www.tilo.com

Produktart	Linoleum-Fertigboden
Eigenschaften	TOPSHIELD-Oberflächenveredelung, Gesamtstärke 9,8 mm, ca. 2 mm Nutzschicht, Uniclic-System, Beanspruchungsklasse 23/32, schalldämmende integrierte Kork-Kaschierung
Material	Deckschicht: Leinöl, Naturharze, Kalkstein und Holzmehl, Korkgegenzug, HDF-Mittelllage
Name	Schulte Räume Linoleum 400 / 400 Quadratisch Apfelgrün 720
Kontakt	www.schulte-raeume.de

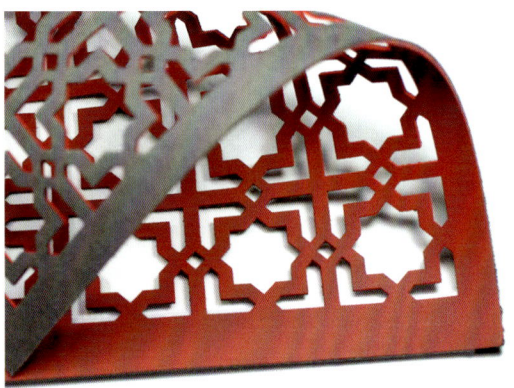

Produktart	Linoleum ausgestanzt
Eigenschaften	dekorativ, natürlich, gelocht
Material	Linoleum
Name	Linoleum ALEGRO OP 10
Kontakt	www.perfonet.de

Produktart	Interaktive Fliese
Eigenschaften	Flexibles Material mit eingelagerter farbiger Flüssigkeit, lebendig, verklebbar auf weichem horizontalen Untergrund mit Zweikomponentenkleber auf PUR- oder Wasserbasis
Material	Kunststoff
Name	B-Surfaces M 02 GR metal-silver
Kontakt	www.blabitalia.com

Produktart	Interaktive Fliese
Eigenschaften	Flexibles Material mit eingelagerter farbiger Flüssigkeit, lebendig, verklebbar auf weichem horizontalen Untergrund mit Zweikomponentenkleber auf PUR- oder Wasserbasis
Material	Kunststoff
Name	B-Surfaces SK 426 GR bi-colors black/grey
Kontakt	www.blabitalia.com

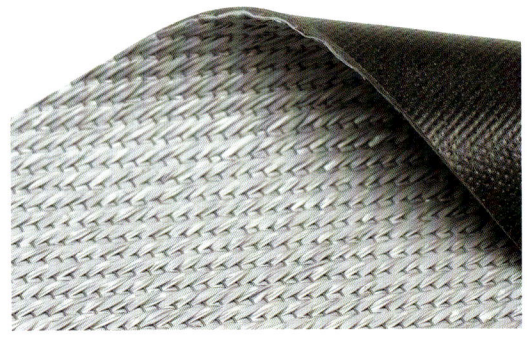

Produktart	Elastische Objekt-Bahnenware
Eigenschaften	Textile Optik, universeller Einsatz im Objektbereich, B1 schwer entflammbar, extrem widerstandsfähig, UV-resistent, geeignet für Feuchträume, Rutschfestigkeit R11, Bahnen- und Fliesenware
Material	Vinyl
Name	Nature Look
Kontakt	www.designbelaege-wiedmann.de

Produktart	Elastische Objekt-Bahnenware
Eigenschaften	Textile Optik, universeller Einsatz im Objektbereich, B1 schwer entflammbar, extrem widerstandsfähig, UV-resistent, geeignet für Feuchträume, Rutschfestigkeit R11, Bahnen- und Fliesenware
Material	Vinyl
Name	Nature Look + Cord 710
Kontakt	www.designbelaege-wiedmann.de

Produktart	Vinyl-Bahnenware, Tiefrdruckdesign
Eigenschaften	2,5 mm Gesamtdicke mit 1,0 mm Nutzschicht, PUR-Vergütung, transparentes 3D-Design, Brandschutzklasse Bfl-s1, Rutschhemmung R10, Design: Hadi Teherani
Material	Vinyl heterogen
Name	Luxury Vinyl/Transparency/concrete grey 29001-50
Kontakt	www.armstrong.de

Produktart	Veranstaltungsbelag, Bahnenware
Eigenschaften	In 7 Farbkombinationen erhältlich, ultraleicht, doppelseitig verwendbar, zwei rutschfeste PVC-Schichten dauerhaft verbunden, lose verlegbar, leicht einrollbar
Material	PVC
Name	Harlequin DUO™
Kontakt	www.harlequinfloors.com

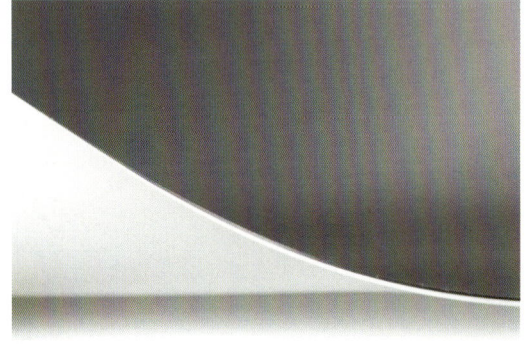

Produktart	Vinyl-Fliese
Eigenschaften	Quadratische Fliesen, Maße: 45,72 x 45,72 x 2,5 mm, PUR-Vergütung, transparentes 3D-Gittermuster, gefaste Kanten, Brandschutzklasse Bfl-s1, Rutschhemmung R10
Material	Vinyl heterogen
Name	Luxury Vinyl/Scala 100 PUR Feature/net space white 20102-105
Kontakt	www.armstrong.de

Produktart	Vinyl-Fliese
Eigenschaften	Quadratische Fliesen, Maße: 45,72 x 45,72 x 2,5 mm, PUR-Vergütung, transparentes 3D-Gittermuster, gefaste Kanten, Brandschutzklasse Bfl-s1, Rutschhemmung R10
Material	Vinyl heterogen
Name	Luxury Vinyl/Scala 100 PUR Feature/net space black 20102-180
Kontakt	www.armstrong.de

Produktart	Vinyl-Fliese, Holzoptik
Eigenschaften	Maße: 900 x 180 x 2,5 mm (inkl. 1,0 mm Nutzschicht), PUR-Vergütung, rustikale Holzplanke, grobe Oberflächenprägung, gefaste Kanten, Brandschutzklasse Bfl-s1, Rutschhemmung R10
Material	Vinyl heterogen
Name	Luxury Vinyl/Scala 100 PUR Wood/rustico medium brown 20005-145
Kontakt	www.armstrong.de

Produktart	Vinyl-Fliese, Holzoptik
Eigenschaften	Maße: 900 x 180 x 2,5 mm (inkl. 1,0 mm Nutzschicht), PUR-Vergütung, rustikale Holzplanke, grobe Oberflächenprägung, gefaste Kanten, Brandschutzklasse Bfl-s1, Rutschhemmung R10
Material	Vinyl heterogen
Name	Amtico Xtra W766 Limed Wash Wood
Kontakt	www.amtico.com

Produktart	PVC-Fliesen/-Platten (Design Bodenbelag), Holzoptik
Eigenschaften	Holzoptik, PU-Oberflächenvergütung, pflegeleicht, feuchtigkeits- und schmutzunempfindlich, geringe Aufbauhöhe (3,0 mm), Lieferform: Fliesen und Platten
Material	Träger- und Stabschicht, Fotofilm, transparente PVC-Nutzschicht
Name	Expona Design 6157 Weathered Hickory
Kontakt	www.objectflor.de

Produktart	Enomer-Fliese, Holzoptik
Eigenschaften	PVC- und weichmacherfreier Bodenbelag für Objektbereiche mit starker Beanspruchung, UV-resistent, B1 schwer entflammbar, höchste Abriebklasse T, schmutzabweisend, rutschfest
Material	Enomer
Name	LifeLine™ LT 1143, Eiche antik
Kontakt	www.upofloor.fi

Produktart	Vinylboden, Holzoptik
Eigenschaften	Gesamtstärke: 2,6 mm, Nutzschicht: 0,25 mm, grafisches Dekor, strapazierfähige Oberfläche, leicht zu pflegen, angenehm fußwarm, schalldämmend, geeignet für Allergiker, 100 % recyclingfähig
Material	Geschäumter PVC
Name	Design 260 Trend Pine natural 5572045
Kontakt	www.tarkett-floors.com/de/

Produktart	PVC-Fliesen/-Platten (Design-Bodenbelag), Holzoptik
Eigenschaften	PU-Oberflächenvergütung, pflegeleicht, feuchte- und schmutz-unempfindlich, geringe Aufbauhöhe (3,0 mm), Lieferform: Fliesen und Platten
Material	Träger- und Stabschicht, Fotofilm, transparente PVC-Nutzschicht
Name	Expona Design 7215 Dark Contour
Kontakt	www.objectflor.de

Produktart	PVC-Fliesen/-Platten (Design-Bodenbelag), Metalloptik
Eigenschaften	Metalloptik, PU-Oberflächenvergütung, pflegeleicht, feuchtig-keits- und schmutzunempfindlich, geringe Aufbauhöhe (3,0 mm), Lieferform: Fliesen und Platten
Material	Träger- und Stabschicht, Fotofilm, transparente PVC-Nutzschicht
Name	Expona Design 8121 Rusted Treadplate
Kontakt	www.objectflor.de

Produktart	Vinyl-Fliese, Textiloptik
Eigenschaften	Gesamtstärke: 2,5 mm, Fliesengröße: 457 x 457 mm, Textiloptik in warmem Kupferton, Akzentstreifen zwischen den Fliesen, weiche, leicht zu reinigende Oberfläche
Material	Vinyl
Name	Amtico FB 44 Fiber Bronze
Kontakt	www.amtico.com

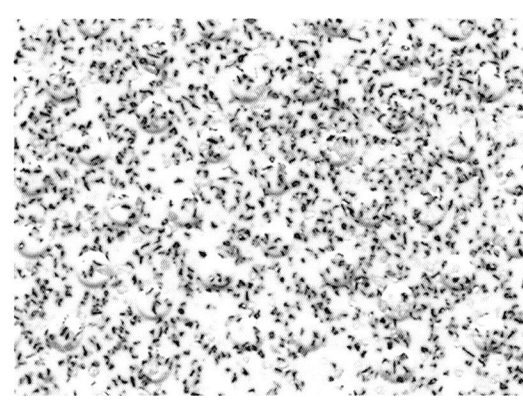

Produktart	Sicherheitsbodenbelag chipgemustert
Eigenschaften	Sicherheitsbodenbelag mit genoppter Oberfläche für nassbelastete Barfußbereiche, Bahnenware, Breite: 2,0 m, Gesamtstärke: 2,0 mm, richtungsfrei, chipgemustert
Material	PVC
Name	Polysafe Hydro H4930
Kontakt	www.objectflor.de

Produktart	Enomer-Fliese, neutrales Design
Eigenschaften	LifeLine CS, PVC- und weichmacherfreier Enomer-Bahnenbelag, Breite: 145 cm, Stärke: 2,0 mm, Brandschutzklasse Bfl-s1, chemikalienbeständig
Material	Enomer
Name	LifeLine™ CS 5502
Kontakt	www.upofloor.fi

Produktart	PVC-Fliesen/-Platten (Design Bodenbelag)
Eigenschaften	Marmorierter, richtungsorientierter PVC-Bodenbelag für starke Beanspruchung, Polyurethan-Beschichtung, Bahnen- und Fliesenware, Stärken: 1,5/2,0 mm
Material	PVC mit Polyurethanbeschichtung
Name	Performa Ultra XL 3700
Kontakt	www.objectflor.de

Produktart	Kunststoff (Design-Bodenbelag)
Eigenschaften	Geeignet für stark beanspruchte Bereiche, pflegeleichte Top-Protection-Oberfläche, höchste Abriebklasse T, PUR-beschichtet, elastisch, feuchtigkeitsbeständig, Unifarben und Dessins
Material	Polymere künstlich, homogen
Name	Estrad Plano 42270
Kontakt	www.upofloor.fi

Produktart	Vinylboden, Allover-Dekor
Eigenschaften	Gesamtstärke: 2,5 mm, Nutzschicht: 0,35 mm, klassisches Allover-Dekor, strapazierfähige, einfach zu pflegende Oberfläche, angenehm fußwarm, schalldämmend, 100 % recyclingfähig
Material	Glasfaserverstärkter PVC auf Zellschaumrücken
Name	Design 250 Vingage Concrete grey 5569097
Kontakt	www.tarkett-floors.com/de

Produktart	PVC-Fliesen/-Platten (Design-Bodenbelag), Steinoptik
Eigenschaften	Steinoptik, PU-Oberflächenvergütung, pflegeleicht, feuchtigkeits- und schmutzunempfindlich, geringe Aufbauhöhe (3,0 mm), Lieferform: Fliesen und Platten
Material	Träger- und Stabschicht, Fotofilm, transparente PVC-Nutzschicht
Name	Expona Design 7104 Cobblestone
Kontakt	www.objectflor.de

Produktart	Quarzvinyl-Fliese
Eigenschaften	Geeignet für stark beanspruchte öffentliche Räume, elastisch, biegsam, strapazierfähig, dichte und schmutzabweisende Oberfläche, passt sich feinen Unebenheiten des Untergrunds an
Material	Quarzvinyl homogen
Name	Hovi 3068
Kontakt	www.upofloor.fi

Produktart	Sicherheitsbodenbelag
Eigenschaften	Heterogen, nach DIN EN 649, EN 14041, granuliert gemustert, eingefärbte Quarz- und Carbonrundumeinstreuungen, raue Oberfläche, Stärke: 2,0 mm, Nutzschicht: 0,7 mm, Einsatzbereiche: 34/43
Material	Vinyl mit Polyurethan-Oberflächenschutz
Name	Safestep R12, 8502
Kontakt	www.forbo-flooring.de

Produktart	Vinylboden, kreatives Dekor für Kinderzimmer
Eigenschaften	Gesamtstärke: 3 mm, Nutzschicht: 0,25 mm, strapazierfähige, leicht zu pflegende Oberfläche, angenehm fußwarm, schalldämmend, geeignet für Allergiker, 100 % recyclingfähig
Material	Geschäumtes PVC
Name	Design 300 Macadam green 5193176
Kontakt	www.tarkett-floors.com/de

Produktart	Kunststoff-Design Bodenbelag
Eigenschaften	strapazierfähige Oberfläche, leicht zu pflegen, wasserunempfindlich
Material	Rücken, Stabilisierungschicht, Druckfilm, transparente Nutzschicht
Name	PW 1246 & PW 2358 CP
Kontakt	www.project-floors.de

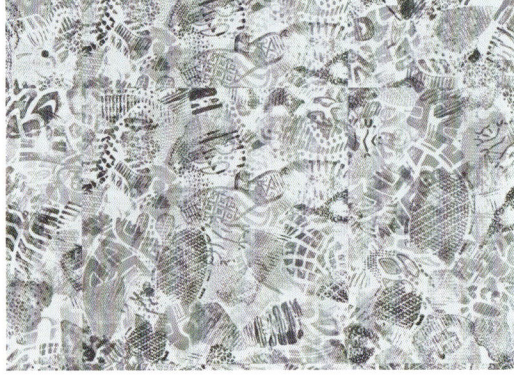

Produktart	PVC-Fliesen/-Platten (Design Bodenbelag), Fußbabdruckoptik
Eigenschaften	Fußabdruckoptik, PU-Oberflächenvergütung, pflegeleicht, feuchtigkeits- und schmutzunempfindlich, geringe Aufbauhöhe (3,0 mm), Lieferform: Fliesen und Platten
Material	Träger- und Stabschicht, Fotofilm, transparente PVC-Nutzschicht
Name	Expona Design 7217 Footprints
Kontakt	www.objectflor.de

Produktart	Vinylboden, fotorealistisches Dekor
Eigenschaften	Gesamtstärke: 2,6 mm, Nutzschicht: 0,25 mm, strapazierfähige, leicht zu pflegende Oberfläche, angenehm fußwarm, schalldämmend, geeignet für Allergiker, 100 % recyclingfähig
Material	Geschäumtes PVC
Name	Design 260 Rondin natural 5516124
Kontakt	www.tarkett-floors.com/de

Produktart	Vinylboden, fotorealistisches Dekor	
Eigenschaften	Gesamtstärke: 2,6 mm, Nutzschicht: 0,25 mm, strapazierfähige Oberfläche, leicht zu pflegen, angenehm fußwarm, schalldämmend, geeignet für Allergiker, 100 % recyclingfähig	
Material	Geschäumtes PVC	
Name	Design 260 Swimming Pool blue 5542003	
Kontakt	www.tarkett-floors.com/de	

Produktart	Veranstaltungsbelag	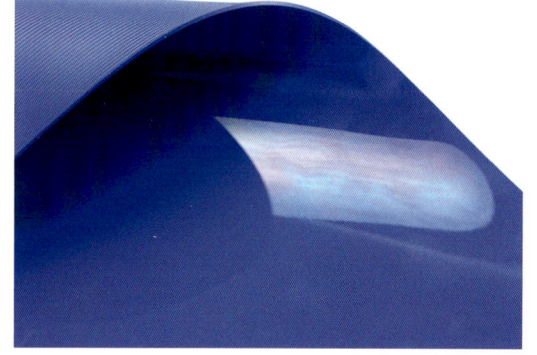
Eigenschaften	Hochglänzende Oberfläche für spektakuläre Lichtspiele, geeignet für TV-Shows, Modenschauen, Produktpräsentationen, Events aller Art, lose oder semi-permanent verlegbar, extrem kratzfest	
Material	PVC mit kalandrierter Oberfläche auf Polymerbasis	
Name	Harlequin HI-SHINE™ blue	
Kontakt	www.harlequinfloors.com	

Produktart	Tanzteppich	
Eigenschaften	Tragbarer Schwingboden, Stärke: 8,5 mm, Bahnenware, Breite: 1,5 m, vollständig aufrollbar, lose und permanente Verlegung, rutschfest, Brandschutzklasse Bfl-s1, Schalldämmmaß: 22 dB	
Material	PVC-Träger mit Mineralfaserschicht auf Zellschaumrücken	
Name	Harlequin ALLEGRO™	
Kontakt	www.harlequinfloors.com	

Produktart	Judomatte	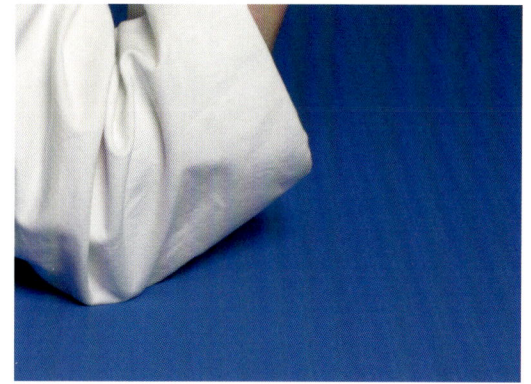
Eigenschaften	Sichere und feste Lage, in verschiedenen Farben und Qualitäten erhältlich, seit Jahrzehnten auf zahlreichen internationalen Judomeisterschaften und Olympiaden eingesetzt	
Material	Schaumstoffkern mit Bezugstoff und rutschfester Unterseite	
Name	BSW tatami	
Kontakt	www.berleburger.com	

Produktart	Kork-Parkett, feuchtraumgeeignet
Eigenschaften	Klebe-Kork, Kleber auf Wasserbasis, Versieglung mit Öl, Wachs oder Wassersiegel, wasserfest, geeignet für Feuchträume, angenehm fußwarm, unterschiedliche Formate erhältlich
Material	Kork
Name	Klebe-Kork naturfarben, Pedras 2
Kontakt	www.naturo.de

Produktart	Kork-Parkett mit Fasung, feuchtraumgeeignet
Eigenschaften	Klebe-Kork mit Fasung, Kleber auf Wasserbasis, Versieglung mit Öl, Wachs oder Wassersiegel, wasserfest, geeignet für Feuchträume, angenehm fußwarm, unterschiedliche Formate erhältlich
Material	Kork
Name	Klebe-Kork naturfarben, Naturell meliert
Kontakt	www.naturo.de

Produktart	Kork-Parkett gefärbt, feuchtraumgeeignet
Eigenschaften	Eingefärbter Klebe-Kork, Kleber auf Wasserbasis, Versieglung mit Öl, Wachs oder Wassersiegel, wasserfest, geeignet für Feuchträume, angenehm fußwarm, 1000 Farbtöne erhältlich
Material	Kork
Name	Klebe-Kork gefärbt, Pedras 1 Callas
Kontakt	www.naturo.de

Produktart	Kork-Parkett bedruckt, Eiche antik
Eigenschaften	Digitaldruck auf Kork-Linoleum, Holzoptik in natürlicher Eleganz, weich, warm, ökologisch, modern, HDF-Click, Korkgegenzug
Material	Kork-Linoleum
Name	Print Kork, Eiche Antik
Kontakt	www.naturokork.ch

Produktart	Korkplatte strukturiert
Eigenschaften	Klebekork, alle Farben und Formen, natürlich, weich, warm, kinderfreundlich, ruhig, hygienisch, strapazierfähig
Material	Naturkork vom Block
Name	Classic line Kork, Rustico antik
Kontakt	www.naturokork.ch

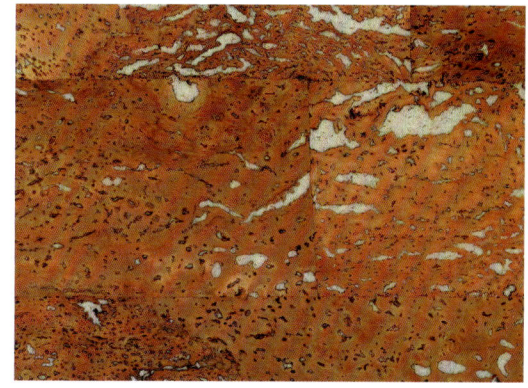

Produktart	Kork-Parkett
Eigenschaften	Leimfreie schwimmende Verlegung, geringe Einbauhöhe, elastisch, gelenkschonend, wärme- und schalldämmend, angenehm fuß-warm, Nutzungsklassen 23/31, Twist-Maxx-versiegelt
Material	Presskork, HDF-Mittellage, Korkgegenzug
Name	Vino Beige
Kontakt	www.tilo.com

Produktart	Kork-Parkett
Eigenschaften	Leimfreie schwimmende Verlegung, geringe Einbauhöhe, elastisch, gelenkschonend, wärme- und schalldämmend, angenehm fuß-warm, Nutzungsklassen 23/31, Twist-Maxx-versiegelt
Material	Presskork, HDF-Mittellage, Korkgegenzug
Name	Nero
Kontakt	www.tilo.com

Produktart	Kork-Parkett
Eigenschaften	Leimfreie schwimmende Verlegung, geringe Einbauhöhe, elastisch, gelenkschonend, wärme- und schalldämmend, angenehm fuß-warm, Nutzungsklassen 23/31, Twist-Maxx-versiegelt
Material	Presskork, HDF-Mittellage, Korkgegenzug
Name	Brunero Muskat
Kontakt	www.tilo.com

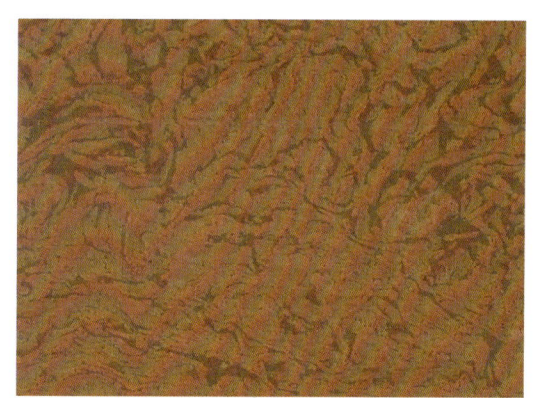

Produktart	Kork-Parkett linear bedruckt
Eigenschaften	Maße: 910 x 300 x 10,8 mm (inkl. ca. 3,0 mm Nutzschicht), 5-fache Versiegelung mit UV-Acryllack, Uniclic-System, Beanspruchungsklasse 23/31, schalldämmende integrierte Kork-Kaschierung
Material	Kork, HDF-Mittellage, Korkgegenzug
Name	Schulte Räume Kork 400, Streifer 679 lackiert
Kontakt	www.schulte-raeume.de

Produktart	Kork-Parkett bedruckt, Holzoptik
Eigenschaften	Digitaldruck auf Kork-Linoleum, Holzoptik in natürlicher Eleganz, weich, warm, ökologisch, modern, HDF-Click, Korkgegenzug
Material	Kork-Linoleum
Name	Print Kork, Saure Zwetschge
Kontakt	www.naturokork.ch

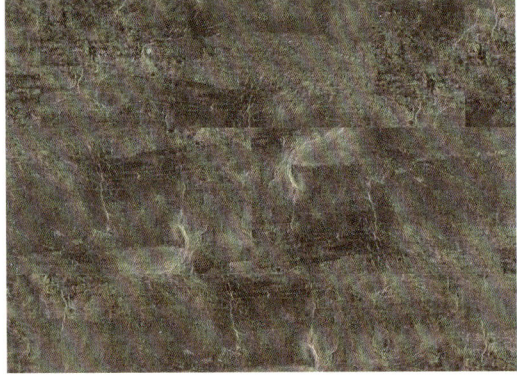

Produktart	Kork-Parkett bedruckt, Steinoptik
Eigenschaften	Digitaldruck auf Kork-Linoleum, Steinoptik in natürlicher Eleganz, weich, warm, ökologisch, modern, HDF-Click, Korkgegenzug
Material	Kork-Linoleum
Name	Kork Stone Click, Schiefer Rio Negro
Kontakt	www.naturokork.ch

Produktart	Kork-Parkett gefärbt
Eigenschaften	Oberflächenversiegelung mit WRT, besonders strapazierfähig, patentierte und leimlose Verbindung für schwimmende Verlegung
Material	Kork
Name	Urbau Expressions, Scoria Twilight
Kontakt	www.amorim-revestimentos.com

Produktart	Kork-Parkett gefärbt
Eigenschaften	Oberflächenversiegelung mit WRT, besonders strapazierfähig, patentierte und leimlose Verbindung für schwimmende Verlegung
Material	Kork
Name	Luminous Poetry, Linn Blush
Kontakt	www.amorim-revestimentos.com

Produktart	Kork-Parkett gefärbt
Eigenschaften	Oberflächenversiegelung mit WRT, besonders strapazierfähig, patentierte und leimlose Verbindung für schwimmende Verlegung
Material	Kork
Name	Reral Elegance, Slate Caffe
Kontakt	www.amorim-revestimentos.com

Produktart	Kork-Parkett floral bedruckt
Eigenschaften	Maße: 910 x 300 x 10,8 mm (inkl. ca. 3,0 mm Nutzschicht), 5-fache Versiegelung mit UV-Acryllack, Uniclic-System, Beanspruchungsklasse 23/31, schalldämmende integrierte Kork-Kaschierung
Material	Kork, HDF-Mittellage, Korkgegenzug
Name	Schulte Räume Kork 400, Floral 641 lackiert
Kontakt	www.schulte-raeume.de

Produktart	Kork-Parkett floral bedruckt
Eigenschaften	Maße: 910 x 300 x 10,8 mm (inkl. ca. 3,0 mm Nutzschicht), 5-fache Versiegelung mit UV-Acryllack, Uniclic-System, Beanspruchungsklasse 23/31, schalldämmende integrierte Kork-Kaschierung
Material	Kork, HDF-Mittellage, Korkgegenzug
Name	Schulte Räume Kork 400, Floral 642 lackiert
Kontakt	www.schulte-raeume.de

MINERALISCHE BODENBELÄGE

Unter dem Oberbegriff werden die unterschiedlichsten Arten von Bodenbelägen zusammengefasst. Die große Bandbreite reicht dabei von Naturstein, Werkstein, Fliese bis hin zu den fugenlos gegossenen Bodenbelägen wie dem Estrich. Allen gemeinsam sind die mineralischen Bestandteile. Diese werden jedoch unterschiedlich gebunden und kommen in fester oder loser Form vor. Natursteine aus dem Steinbruch werden in der Regel zu Plattenware verarbeitet, während neu gebundene Mischungen auch vor Ort verarbeitet werden können.

03.01 Natursteine
Marmor, Granit, Basalt, Sandstein, Kalkstein, Trachyt, Muschelkalk
Travertin, Quarzit

03.02 Kunststeine
Betonwerkstein, Terrazzo, Kunstharzwerkstein
Estrich, Gussasphalt, Steinpflaster

076
076
076
076
077

077
077
077
078
078

078
078
079
079
079

079
080
080
080
080

081
081
081
081
082

082
082
082
083
083

083
083

084

084

084

084

085

085

085

085

086

086

086

086

087

087

087

087

088

088

088

088

089

089

089

089

Produktart	Naturstein Trachyt
Eigenschaften	Fliesen, Platten und Treppen, mehrfarbig: beige-braun-grau, elegant, lebendig, pflegeleicht, trittsicher, unempfindlich, strapazierfähig
Material	Junges vulkanisches Ergussgestein
Name	Trachyt Weidenhahn
Kontakt	www.trachyt.de

Produktart	Naturstein Trachyt
Eigenschaften	Fliesen, Platten und Treppen, 2-farbig: grau-blau, elegant, lebendig, pflegeleicht, trittsicher, unempfindlich, strapazierfähig
Material	Junges vulkanisches Ergussgestein
Name	Trachyt Selters
Kontakt	www.trachyt.de

Produktart	Naturstein Grauwacke
Eigenschaften	Farbtendenz: grau mit Quarzadern, 70 Vol.-% Quarzkörnchen, Herkunft: Eifelstufe (Devon), unverwechselbarer Charakter, hohe Druckfestigkeit
Material	Sedimentgestein/quarzitischer Sandstein
Name	Classic 3 geschliffen
Kontakt	www.quirrenbach.de

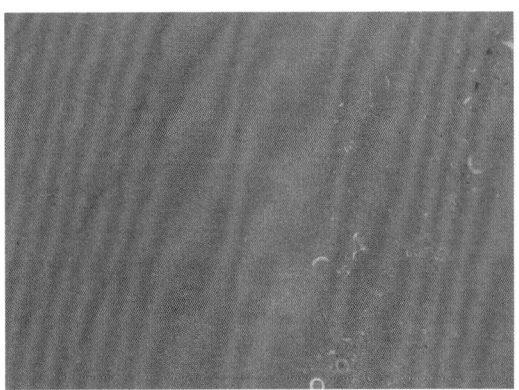

Produktart	Naturstein Grauwacke
Eigenschaften	Farbtendenz: grau mit Quarzadern und Muscheleinschlüssen, 70 Vol.-% Quarzkörnchen, Herkunft: Eifelstufe (Devon), unverwechselbarer Charakter, hohe Druckfestigkeit
Material	Sedimentgestein/quarzitischer Sandstein
Name	Classic 5 geschliffen
Kontakt	www.quirrenbach.de

Produktart	Naturstein Anroechter Dolomit
Eigenschaften	Für Böden im Innenbereich geschliffen (C 400) oder gebürstet erhältlich
Material	Kalksandstein mit Glaukonit
Name	Anroechter Dolomit blau
Kontakt	www.hubert-killing.de

Produktart	Naturstein Anroechter Dolomit
Eigenschaften	Für Böden im Innenbereich geschliffen (C 400) oder gebürstet erhältlich
Material	Kalksandstein mit Glaukonit
Name	Anroechter Dolomit grün
Kontakt	www.hubert-killing.de

Produktart	Naturstein Kalkstein
Eigenschaften	Geeignet für Innen- und Außenbereiche sowie Massivarbeiten, frostbeständig, geeignet für Fußbodenheizung, Dichte DIN EN 1936: 2,49 kg/dm³, Wasseraufnahme DIN EN 13755: 2,80 %
Material	Kalkstein
Name	Dark Beige Kalkstein
Kontakt	www.stein-vetter.de

Produktart	Thephrit-Lava
Eigenschaften	Geeignet für Innen- und Außenbereiche, tausalzbeständig, frostbeständig
Material	Basaltlava
Name	Mayener Basaltlava
Kontakt	www.shs-naturstein.de

Produktart	Naturstein Sandstein
Eigenschaften	Geeignet für Innen- und Außenbereiche, abriebfest, hoch belastbar, samtige Oberfläche durch feines Sandstrahlen, auch elegant geschliffen oder gestockt erhältlich
Material	Hart-Sandstein
Name	Obernkirchener Sandstein fein sandgestrahlt
Kontakt	www.obernkirchener-sandstein.de

Produktart	Naturstein Sandstein
Eigenschaften	Durch seine Härte widerstandsfähig gegen Abrieb, Witterungseinflüsse und Frost, geeignet für hoch belastete Architekturteile, im Spritzwasserbereich, Treppenstufen, Bodenplatten, Pflaster
Material	Sandstein quarzitisch, kieselig gebunden
Name	Postaer Sandstein geschliffen
Kontakt	www.sandsteine.de

Produktart	Naturstein Sandstein
Eigenschaften	Geeignet für Innen- und Außenbereiche, frostbeständig
Material	Sandstein
Name	Roter Eifelsandstein
Kontakt	www.shs-naturstein.de

Produktart	Naturstein Abtswinder Schilfsandstein
Eigenschaften	Herkunft: Deutschland, feinkörnig, kompakt, intensive Farbgebung
Material	Abtswinder Schilfsandstein
Name	Abtswinder Schilfsandstein Castell grün
Kontakt	www.stein-mueller.de

Produktart	Naturstein Sandstein
Eigenschaften	Herkunft: Deutschland, grau-weiß, feinkörnig, geeignet für Innen- und Außenbereiche sowie Massivarbeiten, oft Einsatz in Kirchen, frostbeständig, geeignet für Fußbodenheizung
Material	Sandstein
Name	Hahnbruch Sandstein geschliffen
Kontakt	www.stein-vetter.de

Produktart	Naturstein Sandstein
Eigenschaften	Herkunft: Deutschland, grün, feinkörnig, geeignet für Innen- und Außenbereiche (Fassade) sowie Massivarbeiten, frostbeständig, Wasseraufnahme DIN EN 13755: 2,35 %
Material	Sandstein
Name	Sander Sandstein geschliffen
Kontakt	www.stein-vetter.de

Produktart	Naturstein Sandstein
Eigenschaften	Herkunft: Deutschland, rot, feinkörnig, geeignet für Innen- und Außenbereiche sowie Massivarbeiten, geeignet für Fußboden-heizung, frostbeständig, Wasseraufnahme DIN EN 13755: 2,52 %
Material	Sandstein
Name	Röttbacher Sandstein geschliffen
Kontakt	www.stein-vetter.de

Produktart	Naturstein Kalkstein
Eigenschaften	Empfohlen für Innenbereiche, Massivarbeiten, lebendige Ober-fläche, relativ weiches Material
Material	Kalkstein
Name	Corton geschliffen
Kontakt	www.neuhoff.de

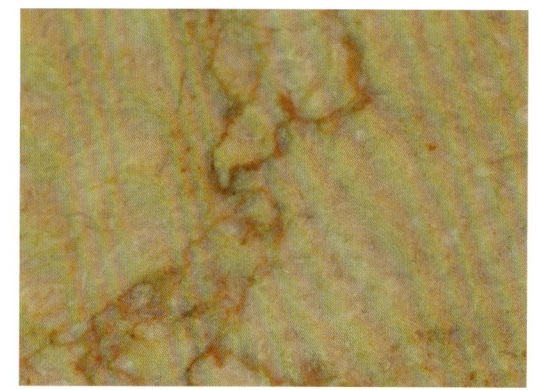

Produktart	Naturstein Muschelkalk
Eigenschaften	Herkunft: Deutschland, grau-gelb, gewolkt, geeignet für Innenbereich, im Außenbereich gegen das Lager und für Fassaden, Massivarbeiten, geeignet für Fußbodenheizung, frostbeständig
Material	Muschelkalk
Name	Burenbruch Muschelkalk geschliffen
Kontakt	www.stein-vetter.de

Produktart	Naturstein Muschelkalk
Eigenschaften	Herkunft: Deutschland, beige, gewolkt, geeignet für Innenbereich, im Außenbereich gegen das Lager, Massivarbeiten, geeignet für Fußbodenheizung, frostbeständig
Material	Muschelkalk
Name	Bohleite Muschelkalk geschliffen
Kontakt	www.stein-vetter.de

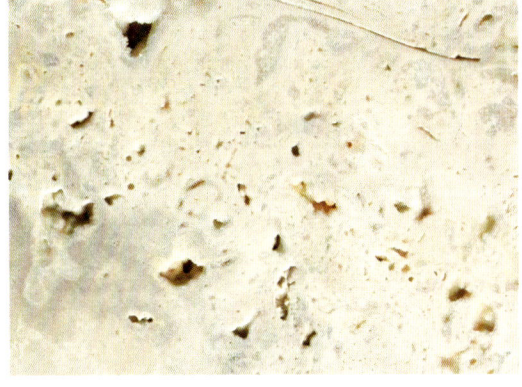

Produktart	Naturstein Travertin
Eigenschaften	Beige, geeignet für Innen- und Außenbereiche sowie Massivarbeiten, geeignet für Fußbodenheizung, frostbeständig
Material	Travertin
Name	Travertin Tibur Classic geschliffen
Kontakt	www.stein-vetter.de

Produktart	Naturstein Basaltlava
Eigenschaften	Grau bis grau-blau, geeignet für Innen- und Außenbereiche, tausalzbeständig, frostbeständig
Material	Basaltlava
Name	Basaltlava geschliffen D60
Kontakt	www.shs-naturstein.de

Produktart	Naturstein Kalkstein
Eigenschaften	Geeignet für Innen- und Außenbereiche, Massivarbeiten, Statuen, Säulen, Kamine und Dekormaterial, politurbeständig nur im Innenbereich
Material	Italienischer Kalkstein
Name	Rosso Verona poliert
Kontakt	www.nagel-natursteine.de

Produktart	Naturstein Marmor
Eigenschaften	Kalkgestein mit meist feinkörnigen Kristallen, Material von mittlerer Härte, außergewöhnliche Hochglanzfertigung möglich, besonders geeignet für Innenbereiche
Material	Marmor
Name	Marmor Lasa
Kontakt	www.neuhoff.de

Produktart	Naturstein Kalkstein
Eigenschaften	Material von mittlerer Härte, besonders geeignet für Innenbereiche, schwarz mit hellen und goldfarbenen Adern
Material	Kalkstein
Name	Nero Portoro poliert
Kontakt	www.neuhoff.de

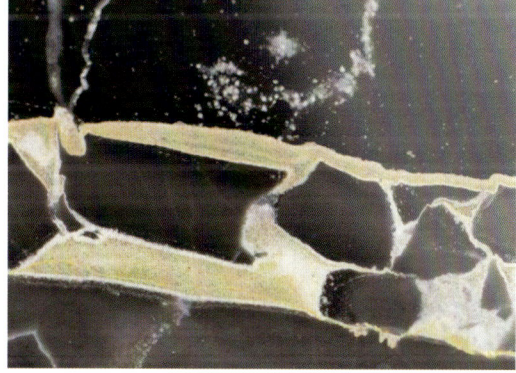

Produktart	Naturstein Kalkstein
Eigenschaften	Relativ weiches Material, geeignet für Fertigarbeiten, als Dekormaterial und für Waschtische
Material	Spanischer Kalkstein
Name	Nero Marquina / Negro Marquina poliert
Kontakt	www.nagel-natursteine.de

Produktart	Naturstein Quarzit
Eigenschaften	Geeignet für Innen- und Außenbereiche, Treppenbeläge, Fertigarbeiten, Abdeckplatten, frostbeständig, polierbeständig
Material	Quarzit
Name	Flammet Quarzit spaltrau
Kontakt	www.nagel-natursteine.de

Produktart	Naturstein Granit
Eigenschaften	Granit schwarz, Oberfläche geflammt und gebürstet, Maße: 60 x 40 x 1,3 cm
Material	Granit
Name	Cantera Satinato Nero Assoluto Selection
Kontakt	www.cantera.de

Produktart	Naturstein Kalkstein
Eigenschaften	Geeignet für Innenbereiche, beige, Oberfläche gebürstet, wasserunempfindlich, in verschiedenen Oberflächenbehandlungen erhältlich
Material	Limestone
Name	Cantera Limestone light
Kontakt	www.cantera.de

Produktart	Naturstein Granit
Eigenschaften	Herkunft: Deutschland, blau, grobkörnig, geeignet für Innen- und Außenbereiche sowie Massivarbeiten, geeignet für Fußbodenheizung, frostbeständig, Wasseraufnahme DIN EN 13755: 0,10 %
Material	Granit
Name	Kösseine Granit poliert
Kontakt	www.stein-vetter.de

Produktart	Naturstein Muschelkalk	
Eigenschaften	Dezente Farbvarianten von grau-blau bis grau-braun-ocker, geeignet für Innen- und Außenbereiche, Material mit mittlerer Härte	
Material	Muschelkalk	
Name	Muschelkalk Goldbank	
Kontakt	www.neuhoff.de	

Produktart	Naturstein Phyllit	
Eigenschaften	Geeignet für Innen- und Außenbereiche, relativ hartes Material	
Material	Phyllit	
Name	Matrix gebürstet	
Kontakt	www.neuhoff.de	

Produktart	Natursteinpaneel	
Eigenschaften	Eingearbeitete 3D-Kontur, Einsatz unterschiedlicher Intarsien möglich	
Material	Coimbra/Quarzsandstein	
Name	Tendenza S Edition Flame S-227	
Kontakt	www.stroehmann.de	

Produktart	Natursteinpaneel	
Eigenschaften	Haptische Oberflächenstruktur, raue Oberfläche	
Material	Brown Sugar/Quarzsandstein	
Name	Tendenza S Edition Fakir S-225	
Kontakt	www.stroehmann.de	

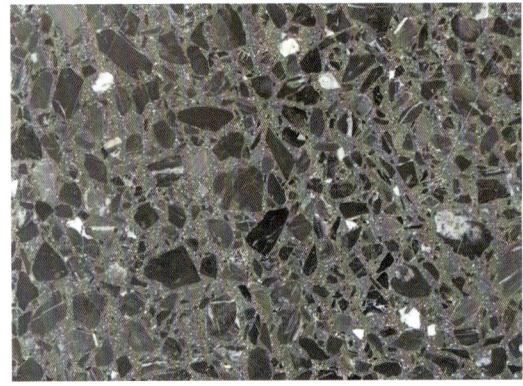

Produktart	Betonwerkstein
Eigenschaften	Zweischichtig aus Vorsatz- und Hinterbeton gefertigt, geeignet für hoch frequentierte Innenbereiche
Material	Beton plus Zuschläge
Name	7508 schwarz-weiß-geadert
Kontakt	www.dasag.de

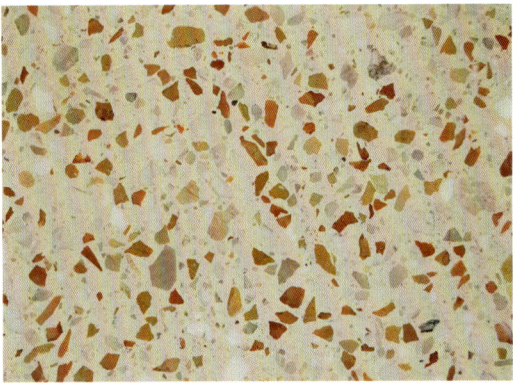

Produktart	Betonwerkstein
Eigenschaften	Zweischichtig aus Vorsatz- und Hinterbeton gefertigt, geeignet für hoch frequentierte Innenbereiche
Material	Beton plus Zuschläge
Name	7658 jaramarmor, gelb
Kontakt	www.dasag.de

Produktart	Rillen- und Noppenplatten
Eigenschaften	Max. 4 mm Niveauunterschied zwischen Wellenbeleg und Wellental, rutschhemmend durch Sandkornstruktur, hohe Dichte, Selbstreinigungseffekt
Material	Dykerhoff Flowstone
Name	Blindenleitplatten
Kontakt	www.rec-berlin.de

Produktart	Chinolith
Eigenschaften	Fugenlos, extrem belastbar Lieferform flüssig, gute Wärmeeigenschaften
Material	Magnesit
Name	Chinotherm Bioestrich
Kontakt	www.chini.de

Produktart	Betonwerkstein
Eigenschaften	UV-resistent, Terrazzo mit Glaszuschlägen
Material	Betonwerkstein
Name	MC-DUR Terrazzo SFT „Woody Glas 1"
Kontakt	www.mc-bauchemie.de

Produktart	Glasterrazzo
Eigenschaften	Fugenlos, epoxidharzgebunden, besonderer Glanz durch farblich ummanteltes Glasgranulat, pflegeleicht, mechanisch bearbeitbar
Material	Stein und Harz
Name	Starshine Floor, Farbe black
Kontakt	www.starshine-glass.de

Produktart	Glasterrazzo
Eigenschaften	Fugenlos, epoxidharzgebunden, besonderer Glanz durch farblich ummanteltes Glasgranulat, pflegeleicht, mechanisch bearbeitbar
Material	Stein und Harz
Name	Starshine Floor, Farbe weiß
Kontakt	www.starshine-glass.de

Produktart	Terrazzo
Eigenschaften	Fugenlos, extrem belastbar Lieferform flüssig
Material	Spezialbindemittel und Zuschläge
Name	Secundur-S, beige
Kontakt	www.korodur.de

Produktart	Naturstein-Teppich
Eigenschaften	Fugenlos zu verlegen, für Innen- und Außenbereich geeignet, rutschfest, strapazierfähig, für Fußbodenheizung geeignet
Material	Stein und Harz
Name	Brombeer Körnung: 2-4 mm
Kontakt	www.marquart-fussbodentechnik.de

Produktart	Naturstein-Teppich
Eigenschaften	Fugenlos zu verlegen, für Innen- und Außenbereich geeignet, rutschfest, strapazierfähig, für Fußbodenheizung geeignet
Material	Stein und Harz
Name	Naturstein-Teppich Naturgrau PU M 160 WST Körnung: 2-3 mm
Kontakt	www.marquart-fussbodentechnik.de

Produktart	Naturstein-Teppich
Eigenschaften	Epoxidharzgebundener, offenporiger Belag für den Innenbereich, in 3 unterschiedlichen Körnungen erhältlich, schallschluckend, allergikerfreundlich, strapazierfähig, für Fußbodenheizungen geeignet
Material	Stein und Harz
Name	Steinteppich, 8–10 mm, marmor, grün
Kontakt	www.ravello.de

Produktart	Naturstein-Teppich
Eigenschaften	Fugenlos zu verlegen, für Innen- und Außenbereich geeignet, rutschfest, strapazierfähig, für Fußbodenheizung geeignet
Material	Quarzkiesel oder Marmorkies, EP- oder PU-Harze
Name	Naturstein-Teppich Enzianblau W25, Körnung: 2-3 mm
Kontakt	www.marquart-fussbodentechnik.de

Produktart	Fliese
Eigenschaften	Flusskies-Einschluss, für den Innenbereich geeignet
Material	Zement
Name	Optistone 601/654
Kontakt	www.optistone.de

Produktart	Verlegeplatte
Eigenschaften	Hohe Widerstandsfähigkeit gegenüber Kratzern, komplett durch-gefärbt, aufgrund der Porenlosigkeit hygienisch, langlebig
Material	Quarzwerkstoff
Name	Clay Brown
Kontakt	www.zodiaq.de

Produktart	Verlegeplatte
Eigenschaften	Hohe Widerstandsfähigkeit gegenüber Kratzern, komplett durch-gefärbt, aufgrund der Porenlosigkeit hygienisch, langlebig
Material	Quarzwerkstoff
Name	Indus Red
Kontakt	www.zodiaq.de

Produktart	Quarzwerkstoffplatte
Eigenschaften	Formstabil, kratzfest, wasserunempfindlich, sehr widerstandsfähig
Material	Quarzwerkstoff
Name	Silestone Platinum CHROME
Kontakt	www.rosskopf-partner.de

Produktart	Betonbodenplatte
Eigenschaften	Anmutung von Holzplanken, pflegeleicht, für Außenbereich geeignet
Material	Beton
Name	Dielenstein Mahora, Meranti
Kontakt	www.braun-steine.de

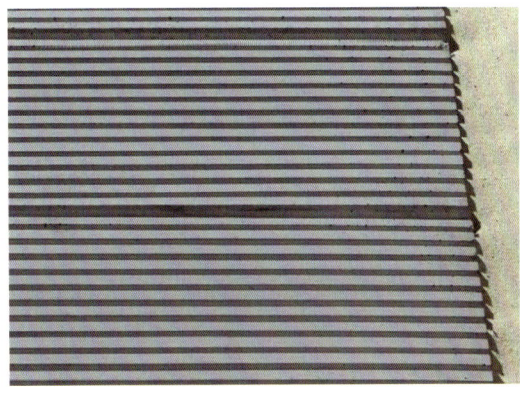

Produktart	Betonbodenplatten
Eigenschaften	Anmutung von Tropenholz, beständig, formstabil, Anwendung für Wege und Freiraumgestaltung
Material	Betonstein
Name	BANGKI-LINE, Patinagrau
Kontakt	www.braun-steine.de

Produktart	Verlegeplatte
Eigenschaften	Langlebig, besondere Effekte durch Kugelstrahlen, für stark frequentierte Flächen im Außenbereich geeignet
Material	Beton mit Natursteinvorsatz
Name	Arcadia-Cremona
Kontakt	www.birkenmeier.de

Produktart	Verlegeplatte
Eigenschaften	Homogene, dichte Oberfläche, pflegeleicht
Material	Beton mit Natursteinvorsatz
Name	Montiano anthrazit
Kontakt	www.birkenmeier.de

Produktart	Verlegeplatte
Eigenschaften	Homogene, dichte Oberfläche, pflegeleicht
Material	Beton mit Natursteinvorsatz
Name	Montiano silber
Kontakt	www.birkenmeier.de

Produktart	Verlegeplatte
Eigenschaften	Homogene, dichte Oberfläche, pflegeleicht
Material	Beton mit Natursteinvorsatz
Name	montiano_terracotta
Kontakt	www.birkenmeier.de

Produktart	Verlegeplatte
Eigenschaften	Durch Maserung Unikat, pflegeleicht
Material	Beton mit Natursteinvorsatz
Name	Umbriano-Platte granit-gelb
Kontakt	www.birkenmeier.de

Produktart	Beton-Bodenplatte
Eigenschaften	Für Innen- und Außenbereich geeignet, abriebfest und robust
Material	Sichtbeton
Name	Betonwerkstein
Kontakt	www.rec-berlin.de

FLIESEN

Keramische Bodenbeläge mit quadratischen oder rechteckigen
Formaten werden allgemein als Fliesen bezeichnet. Im weitesten
Sinne zählen auch Teppich- oder PVC-Fliesen mit ähnlicher Form
dazu. Zu der existierenden schier unendlichen Vielfalt von Farben,
Mustern, Oberflächen und Strukturen kommen mehr und mehr
neue Formate hinzu. Moderne Verfahren wie Laser- oder Wasser-
strahlschnitt erlauben eine rationelle Bearbeitung auch von harten
Keramikfliesen oder Glas.

04.01 Fliesen
Steingut, Keramische Platten, Feinsteinzeugplatten,
Zementplatten
Terrakotta, Ziegeltonplatten

04.02 Glasfliesen
Glasmosaik, Glasterrazzo, Glasgranulat, Glaskeramik
Glasboden

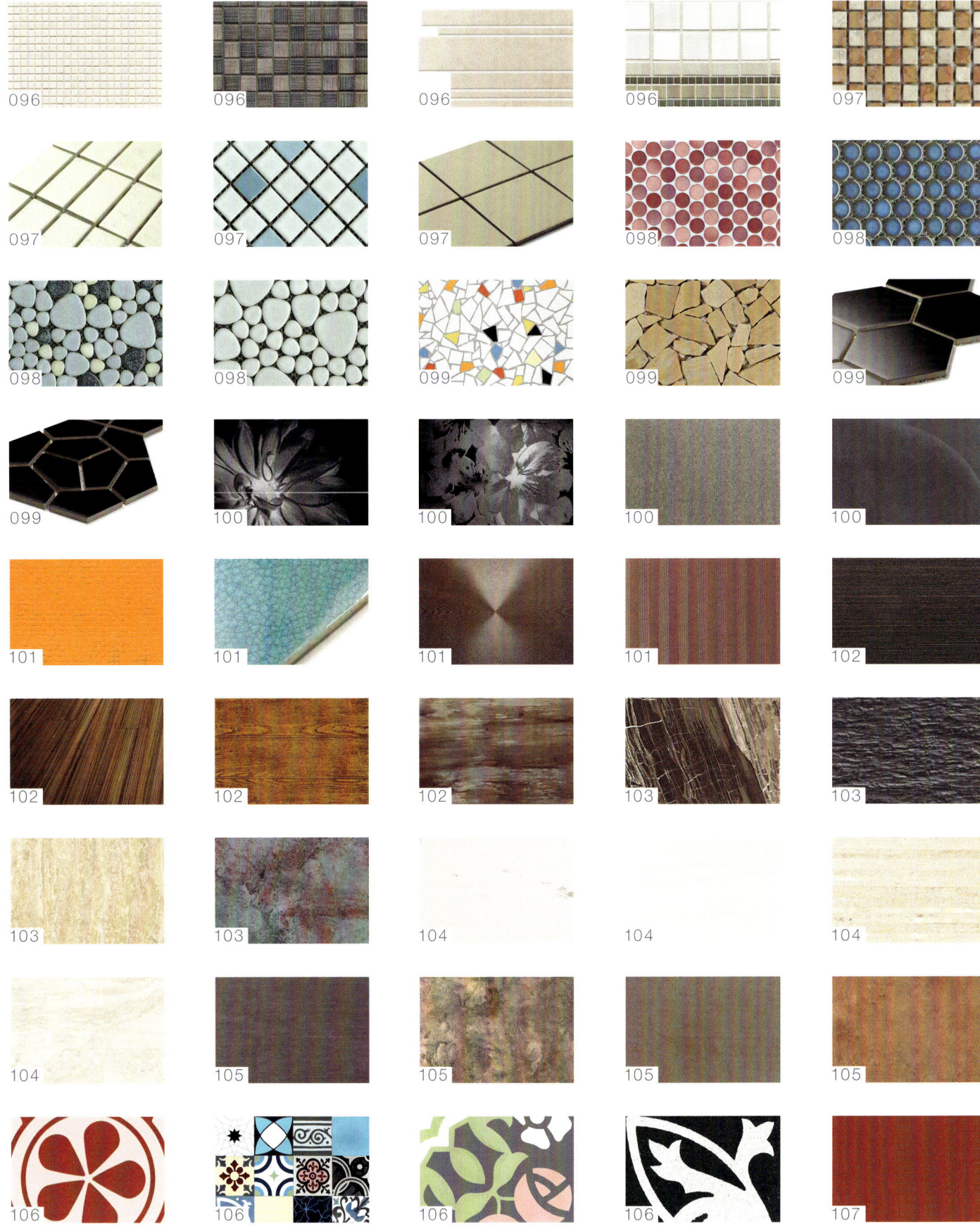

096 096 096 096 097
097 097 097 098 098
098 098 099 099 099
099 100 100 100 100
101 101 101 101 102
102 102 102 103 103
103 103 104 104 104
104 105 105 105 105
106 106 106 106 107

107

107

107

108

108

108

108

109

109

109

109

110

110

110

110

111

111

111

111

112

112

112

112

113

113

113

113

114

114

114

114

115

115

115

115

116

116

116

116

117

117

117

117

118

118

118

119

119

119

119

120

120

120

120

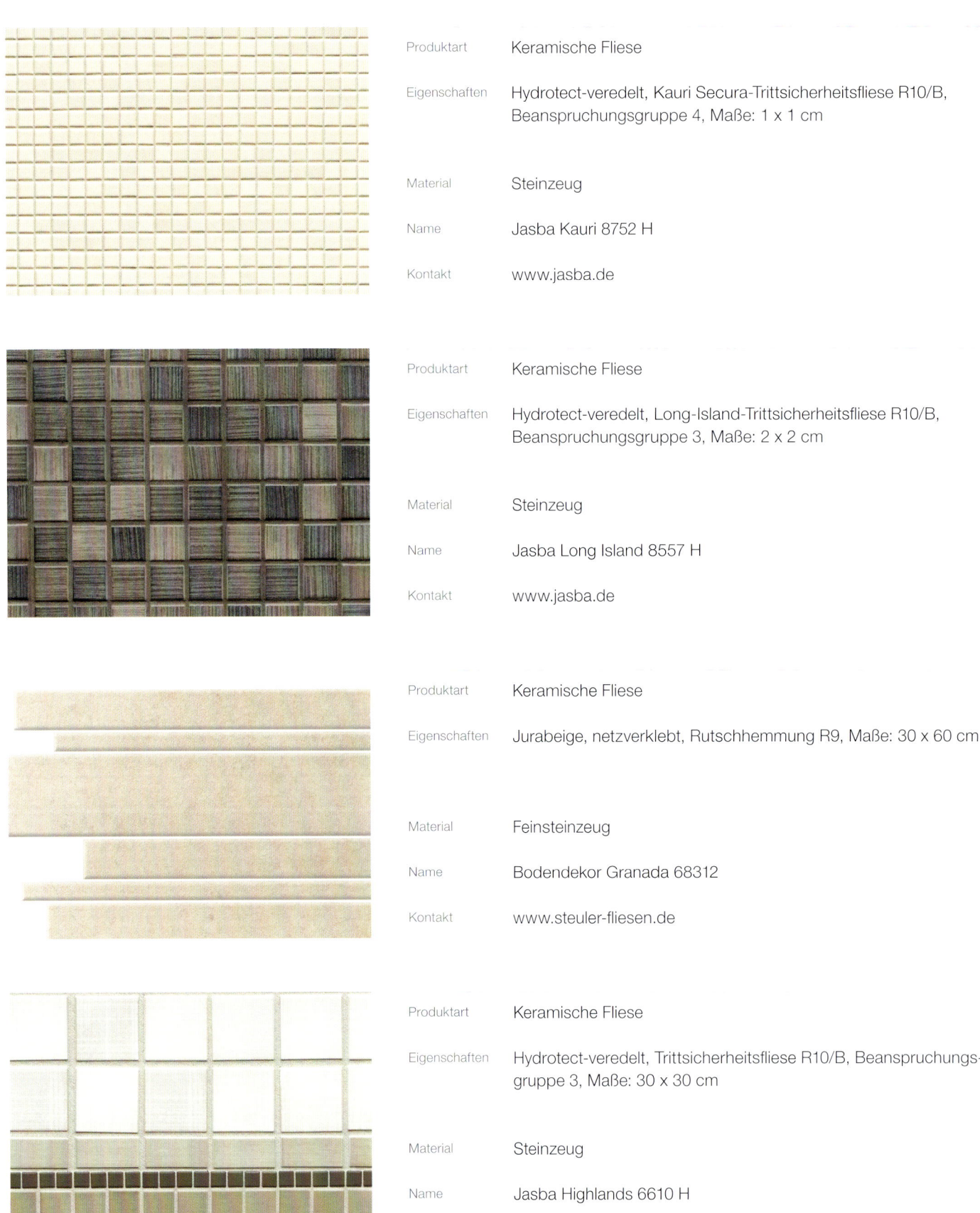

Produktart	Keramische Fliese
Eigenschaften	Hydrotect-veredelt, Kauri Secura-Trittsicherheitsfliese R10/B, Beanspruchungsgruppe 4, Maße: 1 x 1 cm
Material	Steinzeug
Name	Jasba Kauri 8752 H
Kontakt	www.jasba.de

Produktart	Keramische Fliese
Eigenschaften	Hydrotect-veredelt, Long-Island-Trittsicherheitsfliese R10/B, Beanspruchungsgruppe 3, Maße: 2 x 2 cm
Material	Steinzeug
Name	Jasba Long Island 8557 H
Kontakt	www.jasba.de

Produktart	Keramische Fliese
Eigenschaften	Jurabeige, netzverklebt, Rutschhemmung R9, Maße: 30 x 60 cm
Material	Feinsteinzeug
Name	Bodendekor Granada 68312
Kontakt	www.steuler-fliesen.de

Produktart	Keramische Fliese
Eigenschaften	Hydrotect-veredelt, Trittsicherheitsfliese R10/B, Beanspruchungsgruppe 3, Maße: 30 x 30 cm
Material	Steinzeug
Name	Jasba Highlands 6610 H
Kontakt	www.jasba.de

Produktart	Marmormosaik, quadratisch
Eigenschaften	Mehrfarbig, matt, Abriebklasse 4, Maße: 1,5 x 1,5 cm, nicht frostsicher, Verklebung auf Netz
Material	Marmormosaik
Name	MOS 15/1513 R
Kontakt	www.fliesen-welscheit.de

Produktart	Keramische Fliese, Mosaik
Eigenschaften	Dezente Farbigkeit, kleines Format: 2,5 x 5 cm, lichtbeständig, auf Papiernetz aufgebracht
Material	Feinsteinzeug
Name	Naturline K 5170724
Kontakt	www.vitra-bad.de

Produktart	Keramische Fliese, Mosaik diagonal
Eigenschaften	Diagonaler Mix aus weißen und blauen Fliesen, Maße: 2,5 x 2,5 cm, glänzend, frostsicher, Abriebklasse 2, Verklebung auf Netz
Material	Feinsteinzeug
Name	DM 144
Kontakt	www.fliesen-welscheit.de

Produktart	Keramische Fliese, Schwimmbadbecken
Eigenschaften	Schwimmbadfliese, große Farbauswahl nach RAL, Maße: 10 x 10 cm
Material	Feinsteinzeug
Name	K 510922, RAL 095 90 10 yellow
Kontakt	www.vitra-bad.de

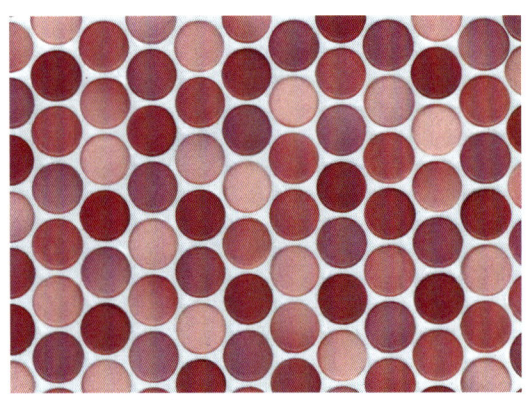

Produktart	Keramische Fliese
Eigenschaften	Hydrotect-veredelt, Centino Secura-Trittsicherheitsfliese R10/B, Beanspruchungsgruppe 3, Durchmesser: 2 cm
Material	Steinzeug
Name	Jasba Centino 8869 H
Kontakt	www.jasba.de

Produktart	Keramische Fliese, Knopfmosaik
Eigenschaften	Kobaltblau, glänzend, Abriebklasse 2, frostsicher, Durchmesser: 1,9 cm, Verklebung auf Netz
Material	Feinsteinzeug
Name	Knopf 451
Kontakt	www.fliesen-welscheit.de

Produktart	Kieselmosaik, mehrfarbig
Eigenschaften	Mehrfarbig: hellblau, blau und hellgelb, glänzend, Abriebklasse 3, frostsicher, Verklebung auf Netz
Material	Keramisches Kieselmosaik
Name	Kiesel XKM 12
Kontakt	www.fliesen-welscheit.de

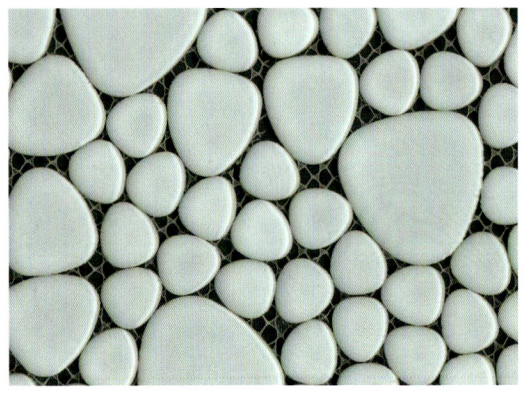

Produktart	Kieselmosaik, unifarben
Eigenschaften	Uni weiß, glänzend, Abriebklasse 3, frostsicher, Verklebung auf Netz
Material	Keramisches Kieselmosaik
Name	Kiesel XKM 100
Kontakt	www.fliesen-welscheit.de

Produktart	Glasiertes Steinzeug
Eigenschaften	Glasiertes Steinzeug Serie Pro Architectura Art. 3201, Weiß als Hauptfarbe PA00, Einstreuer: schwarz, rot, blau, orange, hellblau, hellgrün, hellgelb und gelb
Material	Feinsteinzeug
Name	Terrazzo weiß 2901/2975
Kontakt	www.villeroy-boch.com

Produktart	Marmor Bruchmosaik
Eigenschaften	Gelb, matt, Abriebklasse 4, nicht frostsicher, Verklebung auf Netz
Material	Marmormosaik
Name	CIOT 30-7
Kontakt	www.fliesen-welscheit.de

Produktart	Keramische Fliese, Mosaik
Eigenschaften	Sechseckig, UV-resistent, auf Papiernetz aufgebracht
Material	Feinsteinzeug
Name	Shape 2 Siyah, RAL 0001500 black
Kontakt	www.vitra-bad.de

Produktart	Keramische, Fliese, Mosaik
Eigenschaften	Fünfeckig, UV-resistent, auf Papiernetz aufgebracht
Material	Feinsteinzeug
Name	Shape 4 Siyah, Ral 0001500 black
Kontakt	www.vitra-bad.de

Produktart	Keramische Fliese, florales Dekor
Eigenschaften	Schwarz-Weiß-Optik, 3D-Dekor, Natural-Oberfläche für Nutzung als Bodenbelag, geringe Stärke: 4 mm, Maße: 30 x 60 cm
Material	Feinsteinzeug
Name	Black & White Slim/4, Flower Black, natural
Kontakt	www.casadolcecasa.com

Produktart	Keramische Fliese, florales Dekor, glänzend und matt
Eigenschaften	Besondere Optik durch glänzende und matte Flächen, frost- und chemikalienbeständig, lichtbeständig, Maße: 60 x 60 cm
Material	Feinsteinzeug
Name	Xtra Ordinary, Blossom Glossy Black, XT14060
Kontakt	www.granitifiandre.com

Produktart	Keramische Fliese, individuelle Formen und Farben
Eigenschaften	Glas, Holz und Metall fusionieren zu neuen Formen, mit Wasserstrahl perfekt geschnitten, Grauton mit Feinkorn-Granit-Effekt, Maße: 60 x 30 cm
Material	Feinsteinzeug
Name	Geostyle, Geodesign, D8FS1530
Kontakt	www.granitifiandre.com

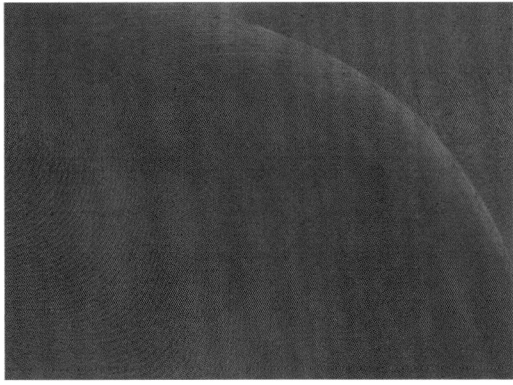

Produktart	Keramische Fliese, Metalloptik, Großformat
Eigenschaften	Metalloptik, lichtbeständig, frostsicher, säure- und chemikalienbeständig, kratzunempfindlich, Rutschhemmung R9, Maße: 75 x 75 cm
Material	Feinsteinzeug
Name	Geostyle, Serie 100, Anthracite 100, HNDO3S77
Kontakt	www.granitifiandre.com

Produktart	Keramische Fliese, Pixeloptik
Eigenschaften	Pixeloptik, glänzendes Finish, Maße: 30 x 60 cm, kominierbar mit weißen, grünen und schwarzen Fliesen
Material	Feinsteinzeug
Name	Mosaico, Netherland
Kontakt	www.alcalaten.com

Produktart	Keramische Fliese, individuell
Eigenschaften	Handgefertigte Fliesen nach individuellen Wünschen, Unikate, projektbezogene Sondergrößen möglich
Material	Keramik
Name	Türkis
Kontakt	www.steinmann-art.de

Produktart	Keramische Fliese, metallischer 3D-Effekt
Eigenschaften	Mit Metallanteilen, reflektierende Oberfläche mit durchgehenden runden, konzentrischer Gravierungen, 3D-Effekt, unglasiert, säure- und chemikalienbeständig, lichtbeständig, frostsicher
Material	Feinsteinzeug
Name	Geostyle, Luminar Optobronze, LUPO360
Kontakt	www.granitifiandre.com

Produktart	Keramische Fliese, metallischer 3D-Effekt
Eigenschaften	Mit Metallanteilen, wellenförmige Oberflächentextur, 3D-Effekt, unglasiert, säure- und chemikalienbeständig, lichtbeständig, frost-sicher, Rutschhemmung R9, Maße: 60 x 60 cm und 60 x 30 cm
Material	Feinsteinzeug
Name	Geostyle, Platinum, Mauve Platinum Wave
Kontakt	www.granitifiandre.com

Produktart	Keramische Fliese
Eigenschaften	Maße: 30 x 90 cm, Trittsicherheit R9, Beanspruchungsgruppe 2-3, rektifiziert
Material	Feinsteinzeug
Name	Vision
Kontakt	www.agrob-buchtal.de

Produktart	Keramische Fliese, Steifenoptik
Eigenschaften	Digitales, absolut naturgetreues Muster, glänzende oder matte Oberfläche erhältlich, Stärken: 4 mm / 10 mm, Maße: 13 x 80 cm / 15 x 120 cm / 30 x 30 cm
Material	Feinsteinzeug, durchgefärbt
Name	Le Essenze di Rex, Zebrano
Kontakt	www.rex-cerart.it

Produktart	Keramische Fliese, Holzoptik
Eigenschaften	Holzoptik, wamer Farbton, Maße: 10 x 41 cm und 41 x 41 cm
Material	Feinsteinzeug
Name	Maderas, Iroko 10
Kontakt	www.alcalaten.com

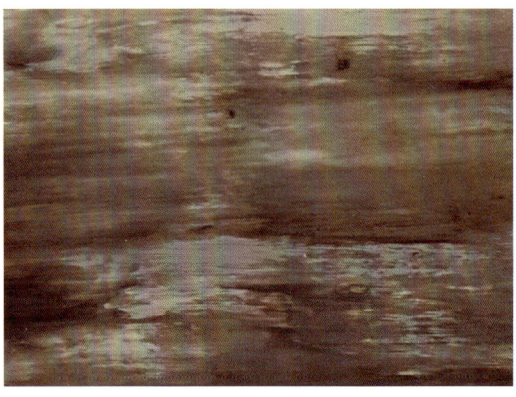

Produktart	Keramische Fliese, Hornoptik
Eigenschaften	Inspiriert von den optischen Eigenschaften von Horn, warme Farbtöne, Oberfläche leicht mattiert, auch als Patchwork interessant
Material	Feinsteinzeug
Name	Horn, Dark
Kontakt	www.rex-cerart.it

Produktart	Keramische Fliese, Marmoroptik
Eigenschaften	Von wertvollem Marmor inspiriert (Europa und Asien), Oberfläche matt und glänzend erhältlich
Material	Feinsteinzeug, durchgefärbt
Name	I Marmi, Marble Brown
Kontakt	www.rex-cerart.it

Produktart	Keramische Fliese, strukuriert
Eigenschaften	Strukturierte Oberfläche, hart, kratzunempfindlich, unglasiert, Rutschhemmung R9, licht- und frostbeständig, chemikalienbeständig, Maße: 90 x 45 / 22,5 / 11,25 cm und 45 x 45 cm
Material	Feinsteinzeug
Name	Geologica, New Stone, Black Canyon
Kontakt	www.granitifiandre.com

Produktart	Keramische Fliese
Eigenschaften	Klassische Travertinfarbe, licht- und chemikalienbeständig, frostsicher, widerstandsfähig, Maße bis Großformat: 120 x 60 cm
Material	Feinsteinzeug
Name	Geologica, New Marmi, Travertino classico
Kontakt	www.granitifiandre.com

Produktart	Keramische Fliese, marmoriert
Eigenschaften	Marmorierte Oberfläche, Maße: 45 x 45 cm
Material	Feinsteinzeug
Name	Landscape, Everglades
Kontakt	www.alcalaten.com

Produktart	Keramische Fliese, selbstreinigend
Eigenschaften	Umweltschützend, antibakteriell, selbstreinigend, unglasiert, lichtbeständig, säure- und chemikalienbeständig, kratzunempfindlich, Maße: 60 x 30 cm / 60 x 60 cm, Großformat: 120 x 60 cm
Material	Feinsteinzeug
Name	Active Michelangelo Statuario
Kontakt	www.granitifiandre.com

Produktart	Keramische Fliese
Eigenschaften	Hydrotect-veredelt, Beanspruchungsgruppe 4, Maße: 60 x 30 cm
Material	Steinzeug
Name	Jasba Natural Glamour 8330H
Kontakt	www.jasba.de

Produktart	Keramische Fliese
Eigenschaften	Dezenter Farbton, leichte Musterung, temperaturwechsel- und frostbeständig, licht- und chemikalienbeständig, Maße: 40 x 40 / 60 / 120 cm und 60 x 60 / 120 cm
Material	Feinsteinzeug
Name	Almatec, Ev. Materia, Ouadj Beige
Kontakt	www.improntaceramiche.com

Produktart	Keramische Fliese, Natursteinoptik
Eigenschaften	Sanfte Farben, Natursteinoptik, Digitaldruck, glasiert
Material	Feinsteinzeug
Name	Impronta, Marmo D, Travertino Bianco
Kontakt	www.improntaceramiche.com

Produktart	Keramische Fliese, Lüsteroberfläche
Eigenschaften	Lüsteroberfläche, Lappato, anpoliert, kalibriert, gefast, Maße: 30 x 60 cm
Material	Feinsteinzeug
Name	Terranova River 68065
Kontakt	www.steuler-fliesen.de

Produktart	Keramische Fliese, marmoriert
Eigenschaften	Marmorierte Oberfläche, dezente Farbigkeit, Maße: 30 x 60 cm und 45 x 45 cm
Material	Feinsteinzeug
Name	Otoñal, Tardor
Kontakt	www.alcalaten.com

Produktart	Keramische Fliese, unglasiert
Eigenschaften	Maße: 33 x 33 cm, unglasiert, durchgefärbt, frostsicher, Rutschhemmung R9
Material	Feinsteinzeug
Name	Duero 638, mokka
Kontakt	www.nordceram.com

Produktart	Keramische Fliese, glasiert
Eigenschaften	Maße: 33 x 33 cm, glasiert, frostsicher, Rutschhemmung R9, Beanspruchungsgruppe 4
Material	Feinsteinzeug
Name	Galia 738, terra
Kontakt	www.nordceram.com

Produktart	Zementfliese, florales Motiv
Eigenschaften	Matte, seidig schimmernde Ornamentfliese, traditionell, modern, exklusiv, vielfältige Gestaltungsmöglichkeiten
Material	Zement, Zement- und Marmorstaub
Name	Blumen rot-rosé, Ref. 373
Kontakt	www.mosaicdelsur.com

Produktart	Zementfliesen, verschiedene Motive
Eigenschaften	Matte, seidig schimmernde Ornamentfliese, traditionell, modern, exklusiv, vielfältige Gestaltungsmöglichkeiten
Material	Zement, Zement- und Marmorstaub
Name	Diverse Muster gemixt
Kontakt	www.mosaicdelsur.com

Produktart	Zementmosaikplatte, historisches Muster
Eigenschaften	Historische Platte, besondere Haptik und Patina, traditionelle Fertigung, ohne Kunststoffanteile
Material	Marmormehl, Farbpigmente, Zement und Quarzsand
Name	VIA 10031/200
Kontakt	www.viaplatten.de

Produktart	Terrazzoplatte, historisches Muster
Eigenschaften	Historische Platte, hohe Strapazierfähigkeit, traditionelle Fertigung, ohne Kunststoffanteile, kalibriert
Material	Kalksteinsplitt, Farbpigmente, Zement und Quarzsand
Name	VIA 710860/200
Kontakt	www.viaplatten.de

Produktart	Keramische Fliese
Eigenschaften	Hydrotectveredelt, Beanspruchungsgruppe 3, Maße: 60 x 30 cm
Material	Steinzeug
Name	Jasba Amar 8236 H
Kontakt	www.jasba.de

Produktart	Keramische Fliese, Zementoptik
Eigenschaften	Matt, flach, glatt in Zementoptik, betont puristisch, Farben: Beige, Grau oder Anthrazit, Maße: 45 x 45 cm / 60 x 60 cm, Kanten rektifiziert, Rutschhemmung R9, Schnittbordüren in Metall
Material	Feinsteinzeug
Name	Zoom 2391 ZE 60
Kontakt	www.villeroy-boch.com

Produktart	Keramische Fliese
Eigenschaften	Hydrotectveredelt, Trittsicherheit R9, Beanspruchungsgruppe 2-3, rektifiziert, Maße: 30 x 60 cm
Material	Feinsteinzeug
Name	Home
Kontakt	www.agrob-buchtal.de

Produktart	Keramische Fliese, Lederoptik
Eigenschaften	Individuell im Design, in Haptik und Optik kaum von echtem Leder zu unterscheiden, außergewöhnlich, in Schwarz, Weiß, Hell- und Dunkelbraun sowie Beige erhältlich, stilvoll, pflegeleicht
Material	Feinsteinzeug
Name	Leder Nappa 3319
Kontakt	www.manufaktur78.com

Produktart	Keramische Fliese, Travertinoptik
Eigenschaften	Travertinoptik, kratzunempfindlich, frost- und säurebeständig, Stärke: 10 mm, Maße bis 60 x 120 cm, geschliffen oder halb glänzend erhältlich, minimaler Fugenanteil
Material	Feinsteinzeug
Name	Geologica, New Marmi, Travertino classico AL 11736
Kontakt	www.granitifiandre.com

Produktart	Keramische Fliese, Natursteinoptik
Eigenschaften	Modernes, zeitloses Design, Natursteinoptik (israelischer Naturstein), indoor-out (Outdoor-Optik), pflegeleicht, praktisch
Material	Feinsteinzeug
Name	Linestone antik
Kontakt	www.manufaktur78.com

Produktart	Keramische Fliese
Eigenschaften	Maße: 60 x 30 cm, 9 mm stark, für Innen- und Außenbereich geeignet
Material	Feinsteinzeug
Name	Quarzite Alpes
Kontakt	www.irisceramica.com

Produktart	Keramische Fliese
Eigenschaften	Maße: 30 x 30 cm, gerillt, Trittsicherheit R11, Beanspruchungsgruppe 3, rektifiziert
Material	Feinsteinzeug
Name	Blindenleitsysteme F600358-103
Kontakt	www.agrob-buchtal.de

Produktart	Keramische Fliese, lichtspeichernde Indikatoren
Eigenschaften	Maße: 30 x 60 cm (F432980), Trittsicherheit R10/A
Material	Feinsteinzeug
Name	Lichtspeichernde Indikatoren
Kontakt	www.agrob-buchtal.de

Produktart	Keramische Fliese, Formfliesensystem
Eigenschaften	Besonders für barrierefreie Duschtassen in beliebigen Größen und Anordnungen geeignet, geringe Aufbauhöhe, weiche Übergänge, optimale Hygiene, erhöhte Dehnungsfugen, Basisraster: 10 cm
Material	Feinsteinzeug
Name	SINUS 12 0407
Kontakt	www.villeroy-boch.com

Produktart	Keramische Fliese mit Leuchtdioden
Eigenschaften	LEDs in Fliesen integriert (1, 2, 4, 8 oder 20), exklusives Gestaltungselement, Leitsystem zur Wegeführung, sehr geringe Wärmeentwicklung, staubdicht, wassergeschützt, Einbaustärke: 7 mm
Material	Feinsteinzeug
Name	Light Tile 4 Copper red
Kontakt	www.villeroy-boch.com

Produktart	Keraelement, Terrasse / Balkon
Eigenschaften	Glasiertes, vollkeramisches Terrassenelement, lose oder feste Verlegung auf Terrassen oder Balkonen, glasiert nach DIN EN 14411, Maße: 40 x 40 x 2 / 3,5 cm, 40 x 60 x 2 / 3,5 cm
Material	Extrudiertes Steinzeug
Name	TerioTec 710 crio
Kontakt	www.stroeher.de

Produktart	Cottofliese/-platte, handgeformt
Eigenschaften	Handgeformte Cottoplatte, glatte Oberfläche, blass ziegelfarben, robust, vielseitig einsetzbar im Innen- sowie geschützten Außenbereich, viele Formate und Formteile erhältlich
Material	Tonerde und Vulkanschlacke
Name	Onil
Kontakt	www.cottohof.de

Produktart	Cottofliese/-platte, handgeformt
Eigenschaften	Handgeformte Cottoplatte in allen Herbstlaub-Farben erhältlich: von Hellsand bis Ziegelrot, Klassiker im Holzrahmenbau, Denkmalbereich und Landhaus
Material	Verschiedene Tonerden
Name	La Provence
Kontakt	www.cottohof.de

Produktart	Cottofliese/-platte, handgeformt, Sternenverband
Eigenschaften	Handgeformte Cottoplatte, stonewashed, weich, glatt, Farbspiel in Gelb-Orange, robust, vielseitig einsetzbar im Innenbereich, viele Formate und Formteile erhältlich
Material	Tonerde
Name	Denia Castell Sternenverband 03
Kontakt	www.cottohof.de

Produktart	Cottofliese/-platte, handgeformt
Eigenschaften	Handgeformte Cottoplatte, stonewashed, weich, glatt, Farbspiel in Gelb-Orange, robust, vielseitig einsetzbar im Innenbereich, viele Formate und Formteile erhältlich
Material	Tonerde
Name	Denia Castell Handform
Kontakt	www.cottohof.de

Produktart	Pflasterklinker
Eigenschaften	Absolut farbecht, frost- und säurebeständig, formstabil, belastbar, natürliches Farbspiel, viele Farben, ökologisch wertvoll, unverwüstlich, pflegeleicht
Material	Ton, Sand und Wasser
Name	P 609 umbra ferrum
Kontakt	www.feldhaus-klinker.de

Produktart	Pflasterklinker
Eigenschaften	Absolut farbecht, frost- und säurebeständig, formstabil, belastbar, natürliches Farbspiel, viele Farben, ökologisch wertvoll, unverwüstlich, pflegeleicht
Material	Ton, Sand und Wasser
Name	P 808 cino nero
Kontakt	www.feldhaus-klinker.de

Produktart	Pflasterklinker
Eigenschaften	Absolut farbecht, frost- und säurebeständig, formstabil, belastbar, natürliches Farbspiel, viele Farben, ökologisch wertvoll, unverwüstlich, pflegeleicht
Material	Ton, Sand und Wasser
Name	P 502 umbra plano
Kontakt	www.feldhaus-klinker.de

Produktart	Keramische Industriebodenplatte
Eigenschaften	Hochbelastbar, extrudierte Keramik nach DIN EN 14411, im Tunnelofen gebrannt, unglasiert, Stärken: 10–20 mm, Maße: 11,5 x 24 cm und in vielfältigen Formteillösungen
Material	Steinzeug/extrudierte Keramik
Name	Stalotec 214 rot
Kontakt	www.stroeher.de

Produktart	Keramische Fliese, Glas- und Kristalleinschlüsse
Eigenschaften	Mit Glas- und Kristalleinschlüssen, solide tiefe Schwärze mit brillantem Edelstein-Effekt, unglasiert, licht- und frostbeständig, säure- und chemikalienbeständig, Maße: 60 x 10 / 15 / 30 / 60 cm
Material	Feinsteinzeug
Name	Jewel Eclipse
Kontakt	www.granitifiandre.com

Produktart	Keramische Fliese, Streifenoptik
Eigenschaften	Matt glänzende Oberfläche, dezente Farbigkeit, Maße: 30 x 60 cm
Material	Feinsteinzeug
Name	New Titanium, New Zinc
Kontakt	www.alcalaten.com

Produktart	Keramische Fliese, Metall-Design
Eigenschaften	Metall-Design, in unterschiedlichen Farben und Desins erhältlich, repräsentativ und stilvoll, außergewöhnlich, pflegeleicht, besonders geeignet für den Loft- und Officestyle
Material	Feinsteinzeug
Name	Metal Look
Kontakt	www.manufaktur78.com

Produktart	Fliesen, individuell
Eigenschaften	Handgefertigte Fliesen nach individuellen Wünschen, Unikate, projektbezogene Sondergrößen möglich
Material	Keramik
Name	Sisal Schiefer
Kontakt	www.steinmann-art.de

Produktart	Keramische Fliese
Eigenschaften	Graphitfarben, anpoliert, Lappato, kalibriert, gefast, Rutschhemmung, R9, Maße: 30 x 60 cm
Material	Feinsteinzeug
Name	Bodenfliese Teardrop 68.370
Kontakt	www.steuler-fliesen.de

Produktart	Keramische Fliese, Sandsteinoptik
Eigenschaften	Sansteinoptik, cremefarben, durchgefärbt, matt, strukturiert, Maße: 30 x 60 cm, Kanten rektifiziert
Material	Feinsteinzeug durchgefärbt
Name	Landscape 2095 SN 0P
Kontakt	www.villeroy-boch.com

Produktart	Keramische Fliese, Reispapieroptik
Eigenschaften	Reispapieroptik, daneben matt und gestreift erhältlich, schwarz oder weiß, Stärke: 10 mm, große Formate bis 60 x 120 cm
Material	Feinsteinzeug
Name	Less, White Carta Riso
Kontakt	www.rex-cerart.it

Produktart	Riffelplatte
Eigenschaften	Historische Platte, besondere Haptik und Patina, traditionelle Fertigung, ohne Kunststoffanteile, Maße: 20 x 20 x 1,8 cm
Material	Marmormehl, Farbpigmente, Zement und Quarzsand
Name	VIA Sonderedition 40860 / 200
Kontakt	www.viaplatten.de

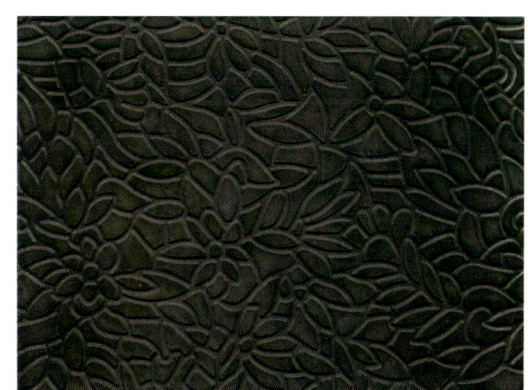

Produktart	Glaskies
Eigenschaften	Platte aus gebundenem Glaskies, abgeschrägte Kanten, Maße: 29,85 x 29,85 cm, 60 x 60 cm und 125 x 308 cm, Stärke: 6,5 mm
Material	Glaskies gebunden
Name	Glass Tiles, Codex Nero
Kontakt	www.bisazza.com

Produktart	Glasterrazzopflaster
Eigenschaften	Mit transluzenten Glassplittern, zu 70 % aus recyceltem Glas, Maße von 30 x 30 cm bis 120 x 300 cm, Stärke: 6,6 mm, interessant als Beitrag zum LEED Green Building-Zertifikat
Material	Glas, pigmentiertes Bindemittel und Avventurina-Kies
Name	Cristallino
Kontakt	www.trend-vi.com

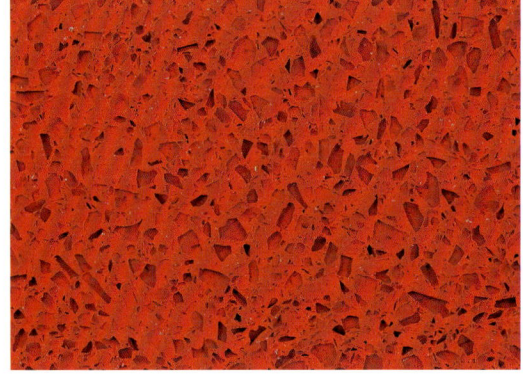

Produktart	Glasterrazzopflaster
Eigenschaften	Mit transluzenten Glassplittern, zu 70 % aus recyceltem Glas, Maße von 30 x 30 cm bis 120 x 300 cm, Stärke: 6,6 mm, interessant als Beitrag zum LEED Green Building-Zertifikat
Material	Glas, pigmentiertes Bindemittel und Avventurina-Kies
Name	Cristallino 424
Kontakt	www.trend-vi.com

Produktart	Glasterrazzopflaster
Eigenschaften	Mit transluzenten Glassplittern, zu 70 % aus recyceltem Glas, Maße von 30 x 30 cm bis 120 x 300 cm, Stärke: 6,6 mm, interessant als Beitrag zum LEED Green Building-Zertifikat
Material	Quarz und Granit
Name	Rocksolid 609
Kontakt	www.trend-vi.com

Produktart	Glasmosaik, farbintensiv
Eigenschaften	Farbintensiv/-stabil, Maße: 1,5 x 1,5 cm, Stärke: 4 mm, Fugen: 1 mm, Unterseite verklebt, 50 verschiedene Farben erhältlich, matte Oberfläche mit brillanter Farbwirkung
Material	Glas
Name	Hibiscus Mixes
Kontakt	www.trend-vi.com

Produktart	Glasmosaik, Perlmuteffekt
Eigenschaften	Farbintensiv/-stabil, Maße: 1,5 x 1,5 cm, Stärke: 4 mm, Fugen: 1 mm, Unterseite verklebt, 50 verschiedene Farben erhältlich, matte Oberfläche mit brillanter Farbwirkung
Material	Glas
Name	Snowdrop
Kontakt	www.trend-vi.com

Produktart	Glasmosaik, durchgefärbt
Eigenschaften	Durchgefärbt, verschiedene Farben, Verläufe und Mixe erhältlich, Maße: 20 x 20 cm, rückseitig auf Netz verklebt, Abriebklasse 4, frostfest, geeignet für Wand und Boden
Material	Glas
Name	Glasmosaik uni orange, G MA 092
Kontakt	www.huh-mosaik.de

Produktart	Glasmosaik
Eigenschaften	Vielseitige Kombinations- und Einsatzmöglichkeiten, Maße: 3 x 3 cm, Stärke: 9 mm
Material	Glas
Name	Vario-49 Mosaik
Kontakt	www.richner.ch

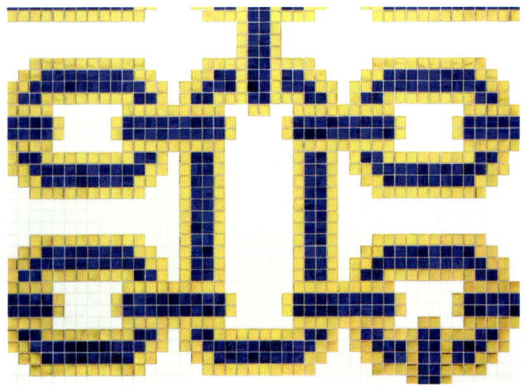

Produktart	Glasmosaikfliesen mit 24-Karat-Gold
Eigenschaften	Design von Marco Braga, große Ringe der Kette mit 24-Karat-Goldblatt, viereckige abgekantete Steinchen im Format 2 x 2 cm, Stärke: 4 mm, auf Netz oder Papier geklebt
Material	Glas
Name	Chains Blue Mosaic
Kontakt	www.bisazza.com

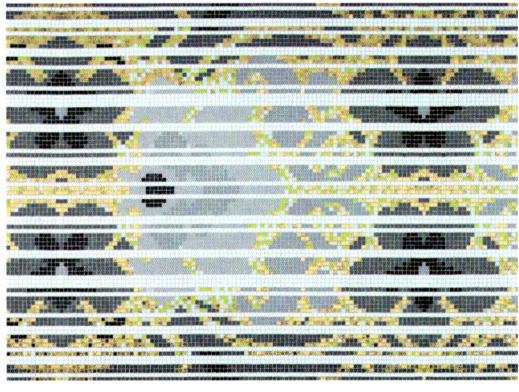

Produktart	Glasfliesenmosaik
Eigenschaften	Design von Marcel Wanders, viereckige abgekantete Glasmosaik-steinchen aus den Kollektionen Gemme, Verticolor und Oro, Maße: 1 x 1 cm, Stärke: 4 mm, auf Netz oder Papier geklebt
Material	Glas
Name	Decoration, Hermitage
Kontakt	www.bisazza.com

Produktart	Glasfliesenmosaik
Eigenschaften	Design von Carla Dal Bianco, Glasmosaik, viereckige abgekantete Steinchen im Format 2 x 2 cm, Stärke: 4 mm, auf Netz oder Papier geklebt, besonders interessant als Poolauskleidung
Material	Glas
Name	Zante Blu Mosaic
Kontakt	www.bisazza.com

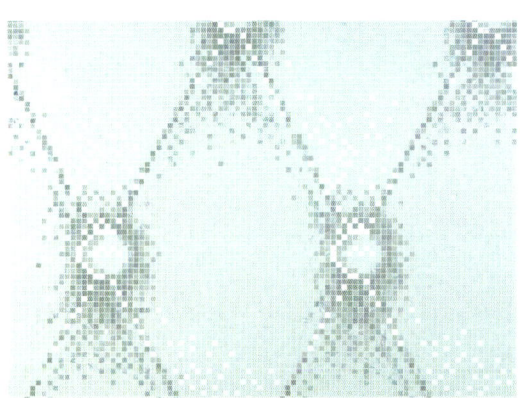

Produktart	Glasfliesenmosaik, goldfarbener Schimmer
Eigenschaften	Design von Marco Braga, Muster wie Polsterung der 50er-Jahre, viereckige, weiße und weiß-goldfarbene abgekantete Steinchen im Format 10 x 10 mm, Stärke: 4 mm, auf Netz oder Papier geklebt
Material	Glas
Name	Chester White Mosaic
Kontakt	www.bisazza.com

Produktart	Glasfliesenmosaik, Textiloptik
Eigenschaften	Design von Carla Dal Bianco, Assoziation an moderne Textilien, Glasmosaik, viereckige abgekantete Steinchen im Format 2 x 2 cm, Stärke: 4 mm, auf Netz oder Papier geklebt
Material	Feinsteinzeug
Name	Garden Pink Mosaic
Kontakt	www.bisazza.com

Produktart	Glasmosaik
Eigenschaften	Farbenfroh, 3 Farbvarianten erhältlich, lebendig, spielerisch, Maße: 1,5 x 1,5 cm, Fugen: 1 mm, Wand- und Bodennutzung
Material	Glas
Name	Euphoric, Electric 1
Kontakt	www.trend-vi.com

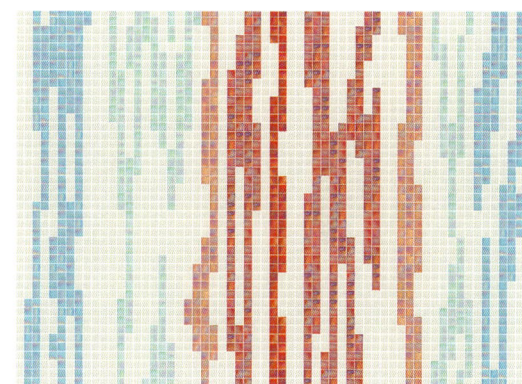

Produktart	Glasmosaik
Eigenschaften	Glasmosaik für individuelle Badformen, Mix aus verschiedenen Blautönen, Maße: 2,5 x 2,5 cm
Material	Glas
Name	Glass Mozaik Mix 4 Turquoise-Blue
Kontakt	www.vitra-bad.de

Produktart	Glasgranulat, VSG (Verbundsicherheitsglas)
Eigenschaften	Glasgranulat laminiert zu VSG (dreischichtiger Aufbau), freitragend einsetzbar, 32 verschiedene Farben erhältlich, Stärke je nach Korngröße des Granulats: 14–36 mm
Material	100 % recyceltes Glasgranulat mit Farbpigmenten
Name	Starshine® Face VSG, 28 Navy Blue
Kontakt	www.artfubo.de

Produktart	Glasfliesen
Eigenschaften	Glasklar, hart, glänzend, glatt, trotzdem weich im Griff und warm in der Betrachtung, seidig matter Hintergrund, mit leichten Uneben-heiten, lebendiges Spiel von Licht und Farben
Material	Glas
Name	Glasfliesen UNICOLOR Glossy, 0020 Emerald
Kontakt	www.villiglas.at

Produktart	Quarzstone, Glimmereffekte
Eigenschaften	Naturstein aus der Familie der Alabaster, edel, transparente Optik mit Glimmereffekten, in 10 Farben erhältlich
Material	Naturstein-Glas-Verbindung
Name	Quarzstone 01 Grey Opale
Kontakt	www.gustav-voehringer.de

Produktart	Gebranntes Glasgranulat, transluzent
Eigenschaften	Farbintensiv/-stabil durch eingebrannte Farbe, begeh-/befahrbar, sehr gute Laugen- und Säureresistenz, selbstreinigend, vollständig recycelbar, transluzent, Zusatz für Starshine® Floor
Material	100 % recyceltes Glasgranulat
Name	Starshine® Schmuckkorn, Dark Grey 31
Kontakt	www.starshine-glass.de

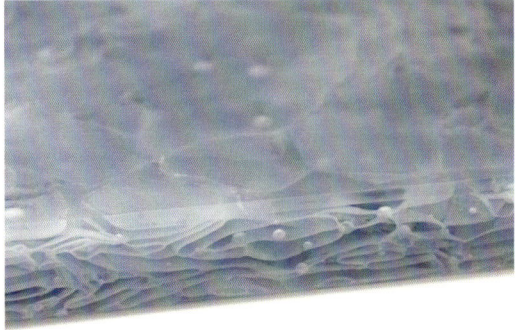

Produktart	Glaskeramik
Eigenschaften	Geschliffen und poliert, dreidimensionale Struktur aus der Nähe sichtbar, aus der Ferne schimmert der gläserne Stein, pflegeleicht, Maße: Rohplatten ca. 120 x 280 cm, Stärke: 20 mm
Material	Schollen-Glas komplett recyclingfähig
Name	Glaskeramik arctic blau
Kontakt	www.magnastein.de

Produktart	Glasmosaik, irisierende Effekte
Eigenschaften	Transparent, mit irisierenden Effekten, durchgefärbt, Maße: 2 x 2 cm, Stärke: 4 mm, Fugen: 1 mm, viele verschiedene Farben erhältlich und kombinierbar, für ebenen und gebogenen Untergrund
Material	Glas
Name	VBS Creamy Mix
Kontakt	www.trend-vi.com

Produktart	Glasboden, Gold
Eigenschaften	Maße bis 100 x 200 cm, hart, druck- und stoßfest, porenfreie Oberfläche, extrem verschleißfest, pflegeleicht, antistatisch, emissionsfrei, mikrobiologisch neutral, Gravur/Sandstrahlmotiv möglich
Material	Weißglas, Gold, Trittschall- und Wärmedämmung
Name	MAGLA® Edition GOLD Glasboden
Kontakt	www.maier-glas.de

Produktart	Glasmosaiksteinchen, Gold
Eigenschaften	Viele verschiedene Farben, Größen und Materialstärken, individuelle Spezialformen möglich, besonders geeignet für Bad- und Wellnessbereiche, wasser-, hitze- und frostbeständig
Material	Glasmosaiksteinchen mit Inlay aus 24-Karat-Gold
Name	Gold-Mosaics
Kontakt	www.gold-mosaics.com

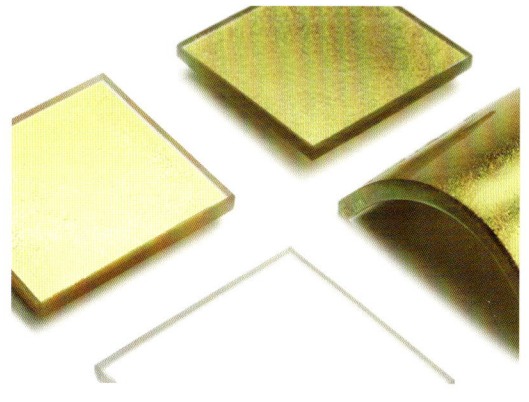

Produktart	Gebranntes Glasgranulat, farbig
Eigenschaften	Einmalige Lichtreflexionen, brillierendes Schimmern, transluzent, 32 verschiedene Farben in 4 Körnungen erhältlich
Material	Trägerglas, Glasgranulat mit Farbpigmenten
Name	Starshine VG mit transparenter EVASAFE-Folie orange (02)
Kontakt	www.starshine-glass.de

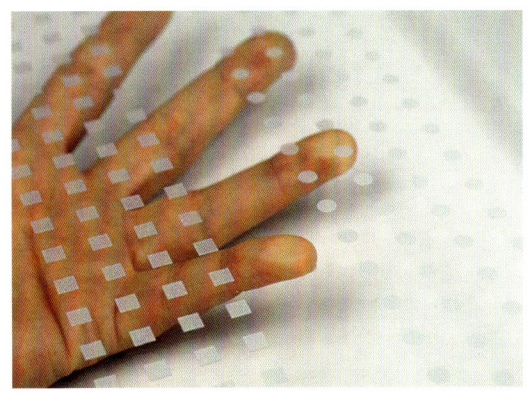

Produktart	Glas, rutschhemmende Bedruckung
Eigenschaften	Rutschhemmung R9 bis R12 (für vollflächig bedruckte Gläser), Bedruckung transluzent oder in RAL-Farben in Siebdruckverfahren, weitgehend kratzfest und säureresistent
Material	Glas
Name	SD Rutsch ST 201
Kontakt	www.flachglas.de

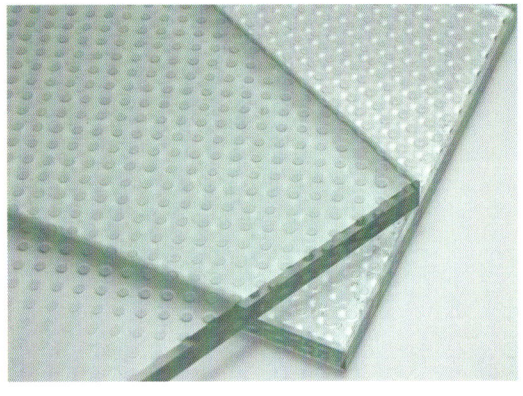

Produktart	Strukturglas, rutschhemmend
Eigenschaften	Eurofloat, Rutschhemmung R11, Kanten poliert, für Innen- und Außbenbereiche geeignet
Material	Glas
Name	Eurofloat Antigliss R11 klar/matt
Kontakt	www.glastroesch.de

Produktart	Glasboden, frei in Form und Größe
Eigenschaften	Maße bis 100 x 200 cm, hart, druck- und stoßfest, porenfreie Oberfläche, extrem verschleißfest, pflegeleicht, antistatisch, emissionsfrei, mikrobiologisch neutral, Gravur/Sandstrahlmotiv möglich
Material	Glas, Dekorschicht und Trittschalldämmung
Name	NOVALIT® Glasboden
Kontakt	www.maier-glas.de

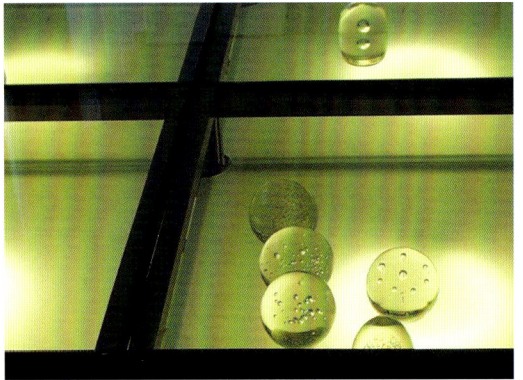

Produktart	Glasdoppelboden, Hervorheben von Gegenständen/Produkten
Eigenschaften	Hart, druck- und stoßfest, porenfreie Oberfläche, extrem verschleißfest, pflegeleicht, antistatisch, emissionsfrei, mikrobiologisch neutral, feuerfest, innenliegende Beleuchtung möglich
Material	Glas begehbar, Unterkonstruktion
Name	MAGLA® Glasbodenelement
Kontakt	www.maier-glas.de

TEXTILE BODENBELÄGE

05.00

Teppichboden gehört hierzulande zu den meist verlegten Bodenbelägen. Die Nutzschicht der Böden besteht aus textilen natürlichen Faserstoffen wie Wolle, Pflanzenfasern oder Synthetikfasern. Zur Einteilung und Bezeichnung spielen allerdings die Herstellungsverfahren eine größere Rolle. Es wird in die Kategorien gewebt, getuftet, gestrickt, Nadelfilz etc. aufgeteilt. Beim Teppichboden, Läufer, Vorleger, abgepassten Teppich oder Teppichfliese ist die Art der Konfektionierung ausschlaggebend. Trotz der meist weichen haptischen Anmutung können textile Bodenbeläge je nach Art und Material ebenfalls sehr langlebig und robust sein.

05.01 Textile Bodenbeläge

Webware, Tufting
Synthetische Böden (Polyamid/Polypropylen)
Kugelgarn, Nadelfilz, Nadelvlies
Kunstrasen
Sauberlauf
Abgepasste Teppiche

126
126
126
126
127

127
127
127
128
128

128
128
129
129
129

129
130
130
130
130

131
131
131
131
132

132
132
132
133
133

133
133
134
134
134

134
135
135
135
135

136
136
136
136
137

137

137

137

138

138

138

138

139

139

139

139

140

140

140

140

141

141

141

141

142

142

142

142

143

143

143

143

144

144

144

144

145

145

145

145

146

146

146

146

147

147

147

147

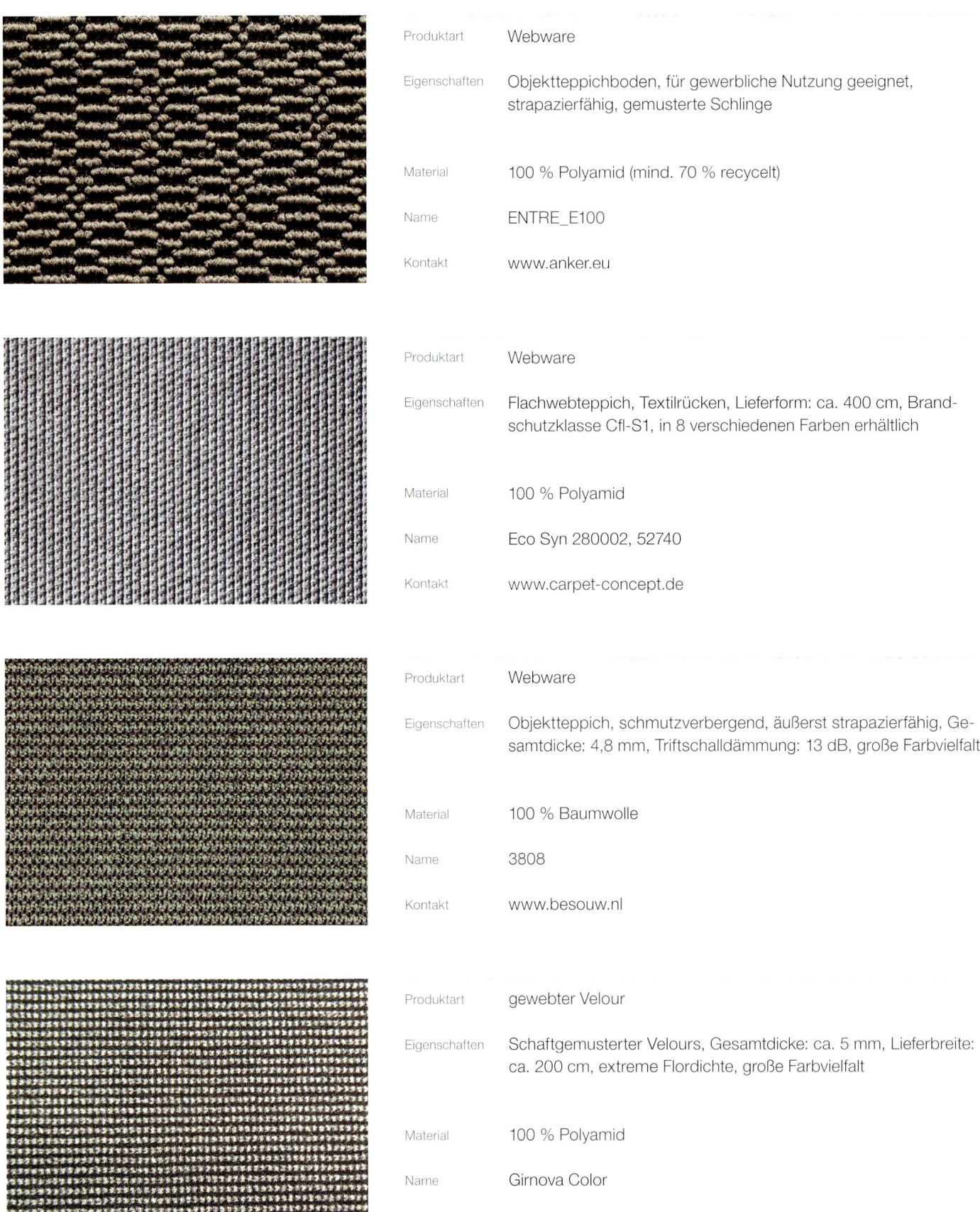

Produktart	Webware
Eigenschaften	Objektteppichboden, für gewerbliche Nutzung geeignet, strapazierfähig, gemusterte Schlinge
Material	100 % Polyamid (mind. 70 % recycelt)
Name	ENTRE_E100
Kontakt	www.anker.eu

Produktart	Webware
Eigenschaften	Flachwebteppich, Textilrücken, Lieferform: ca. 400 cm, Brandschutzklasse Cfl-S1, in 8 verschiedenen Farben erhältlich
Material	100 % Polyamid
Name	Eco Syn 280002, 52740
Kontakt	www.carpet-concept.de

Produktart	Webware
Eigenschaften	Objektteppich, schmutzverbergend, äußerst strapazierfähig, Gesamtdicke: 4,8 mm, Triftschalldämmung: 13 dB, große Farbvielfalt
Material	100 % Baumwolle
Name	3808
Kontakt	www.besouw.nl

Produktart	gewebter Velour
Eigenschaften	Schaftgemusterter Velours, Gesamtdicke: ca. 5 mm, Lieferbreite: ca. 200 cm, extreme Flordichte, große Farbvielfalt
Material	100 % Polyamid
Name	Girnova Color
Kontakt	www.girloon.de

Produktart	Webware
Eigenschaften	Webteppichboden, Gesamtdicke: 9,5 mm, Rückenmaterial: Jute, Breite: 400 cm
Material	50 % Wolle, 50 % Ziegenhaar
Name	4401
Kontakt	www.besouw.nl

Produktart	Webware
Eigenschaften	Kunststoffwebboden, Lieferform: ca. 200 cm, Oberseitengestaltung: Gewebe aus PVC ummantelten Glasfasern, Träger-/Grundmaterial: PVC
Material	85 % PVC, 15 % Glasfaser
Name	Mod 11, 1100
Kontakt	www.carpet-concept.de

Produktart	Webware
Eigenschaften	Gewebt, 2-chorig, gemusterte Schlinge, Lieferform: Rollen, ca. 200 cm, Brandschutzklasse Cfl-s1, in 12 verschiedenen Farben erhältlich
Material	100 % Polyamid
Name	Ply Grass
Kontakt	www.carpet-concept.de

Produktart	Webware
Eigenschaften	Objektteppichboden, für gewerbliche Nutzung geeignet, Brandschutzklasse Cfl-s1, Schlinge mit Effektgarn
Material	55 % Polyamid, 45 % Polyurethan
Name	Perlon Rips Twin
Kontakt	www.anker.eu

Produktart	Webware
Eigenschaften	Objektteppichboden, für gewerbliche Nutzung geeignet, strapazierfähig, Brandschutzklasse Cfl-s1, gemusterte Schlinge
Material	55 % Polyamid, 45 % Polyurethan
Name	Perlon Rips Line
Kontakt	www.anker.eu

Produktart	Webware
Eigenschaften	Extrem strapazierfähig, Hoch-Tief-Struktur, geeignet für Objekt- und Wohnbereich, gewebt
Material	100 % Polyamid
Name	Black Art Vulcano 500
Kontakt	www.object-carpet.com

Produktart	Teppichboden, getuftet, graviert
Eigenschaften	Objektteppichboden, für gewerbliche Nutzung geeignet, strapazierfähig, Brandschutzklasse Cfl-s1, Velours mit Thermogravur
Material	100 % Polyamid
Name	DELTA_AND
Kontakt	www.anker.eu

Produktart	Webware
Eigenschaften	Extrem strapazierfähig, Hoch-Tief-Struktur, geeignet für Objekt- und Wohnbereich, gewebt
Material	100 % Polyamid
Name	Web Art Pebble Beach 600
Kontakt	www.object-carpet.com

Produktart	Webware
Eigenschaften	Baumwollteppich, Gesamtdicke: 9,5 mm, Breite: ca. 400 cm, unverwüstliche Qualität
Material	100 % Baumwolle
Name	3801
Kontakt	www.besouw.nl

Produktart	Webware
Eigenschaften	Baumwollteppich, Gesamtdicke: 8,9 mm, Rückenmaterial: Jute, unverwüstliche Qualität
Material	100 % Baumwolle
Name	3805
Kontakt	www.besouw.nl

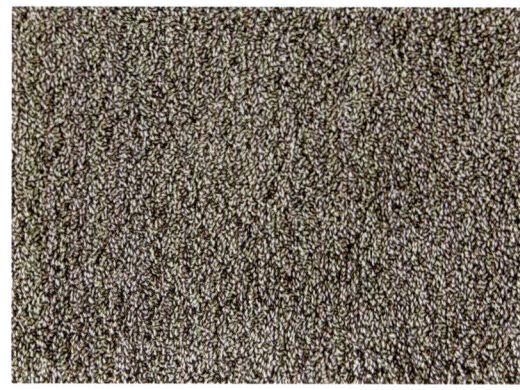

Produktart	Teppichboden
Eigenschaften	Verbesserte Raumluft, Metallic-Effekt, geeignet für alle Objektbereiche
Material	Kunststoffwebware
Name	Metallic duraAir©
Kontakt	www.dura.de

Produktart	Webware Feinst-Velours, uni
Eigenschaften	Gesamtdicke: ca. 6 mm, Trittschalldämmung: ca. 25 dB, Brandschutzklasse Cfl-s1, Lieferbreite: ca. 200 cm
Material	Kunststoffwebware
Name	Samtflor, 600
Kontakt	www.girloon.de

Produktart	Sisal-Bodenbelag
Eigenschaften	Kratzfest, Deckschicht 100 % Sisal, ökologische Rückenbeschichtung, Gesamtstärke: ca. 6 mm, Breite: 200/400 cm
Material	Sisal
Name	Qualität C, Farbe CI
Kontakt	www.apaeb-europa.com

Produktart	Sisal-Bodenbelag
Eigenschaften	Oberflächenstruktur gewoben, Deckschicht 100 % Sisal, öko-logische Rückenbeschichtung, Gesamtstärke: ca. 4 mm, Breite: 200/400 cm
Material	Sisal
Name	Qualität N, Farbe NJ
Kontakt	www.apaeb-europa.com

Produktart	Sisal-Bodenbelag
Eigenschaften	Deckschicht 100 % Sisal, ökologische Rückenbeschichtung, Gesamtstärke: ca. 6 mm, Breite: 200/400 cm
Material	Sisal
Name	Qualität D, Farbe DC
Kontakt	www.apaeb-europa.com

Produktart	Sisal-Bodenbelag
Eigenschaften	Gesamtstärke: ca. 6 mm, Breite: ca. 200 cm, Rückenmaterial: CottonBac
Material	Sisal
Name	Jaipur 272
Kontakt	www.ruckstuhl.com

Produktart	Teppichboden
Eigenschaften	Natürliches Material, große Farbvielfalt, als Bahnware (Breite: 200 cm) und selbstliegende Fliese (Maße: 50 x 50 cm) erhältlich
Material	80 % Ziegenhaar, 20 % Schurwolle
Name	Interland 10538
Kontakt	www.tretford.de

Produktart	Schlingenware
Eigenschaften	100 % reine ungefärbte Schafswolle C3601-01
Material	Schurwolle
Name	Nordland-Exclusiv I
Kontakt	www.nordland-naturteppich.de

Produktart	Teppich
Eigenschaften	Dekorativer Teppich, sorgt für ein gesundes Klima, individuelle Maße möglich
Material	80 % Ziegenhaar, 20 % Schurwolle
Name	Factum - Vario
Kontakt	www.tretford.de

Produktart	Objekt-Teppichboden
Eigenschaften	Sehr strapazierfähig, als Bahnenware und selbstliegende Fliese erhältlich, große Farbvielfalt
Material	40 % Ziegenhaar, 60 % Polyamid
Name	Plus 7
Kontakt	www.tretford.de

Produktart	Tufting
Eigenschaften	Poleinsatzgewicht über 1.500 g/m^2, Gesamtdicke: ca. 23 cm, Trittschalldämmung ca. 32 dB, Brandschutzklasse Cfl-s1
Material	100 % Polyamid
Name	Dream
Kontakt	www.girloon.de

Produktart	Getuftete Schlingenqualität, Teppichfliese
Eigenschaften	Metallisch-glänzende Oberfläche, ultra modernes Design, grenzenlose Farbpalette, Bahnenwareoptik
Material	100 % Polyamid
Name	X-Loop, Color-Nr. 5390 pink
Kontakt	www.interfaceflor.eu

Produktart	Teppichfliese
Eigenschaften	sehr strapazierfähig, hohe Lebensdauer, Gesamtdicke: 7,8 mm, Maße 50 x 50 cm
Material	82,5 % Nylon, 17,5 % Polyamid
Name	Superflor, Electra, Color-Nr. 9106
Kontakt	www.interfaceflor.eu

Produktart	Getuftete Schlingenqualität, Teppichfliese
Eigenschaften	Die Einheit aus einem matten und einem glänzenden Garn verstärkt den textilen Charakter der Fliese
Material	Kunststoffwebware
Name	AP FLUX 4411
Kontakt	www.desso.com

Produktart	Velours
Eigenschaften	Individualprint
Material	Polyamid
Name	Dream
Kontakt	www.htw-designcarpet.de

Produktart	Tuftgemusterte Schlingenqualität, Teppichfliese
Eigenschaften	Modernes Design, mit anderen Teppichfliesen kombinierbar, Maße: 50 x 50 cm, Gesamtdicke: 8,5 mm
Material	100 % Solution Dyed Nylon
Name	Black & White, A Maze, Color-Nr. 324600
Kontakt	www.interfaceflor.eu

Produktart	Tuftgemusterte Schlingenqualität, Teppichfliese
Eigenschaften	Retro-Design, strapazierfähig und haltbar, recycelte Materialien im Polfasermaterial und in der Rückenkonstruktion
Material	100 % Solution Dyed Nylon
Name	Blast From The Past, Farbe: Grey Retro
Kontakt	www.interfaceflor.eu

Produktart	Getuftete Schlingenqualität, Teppichfliese
Eigenschaften	fein texturierte Blattmuster, lineares Design, Gestaltungsfreiheit, recycelte Materialien im Polfasermaterial und in der Rückenkon-struktion
Material	100 % Solution Dyed Nylon
Name	Common ground unify, Color-Nr. 338802 boulder
Kontakt	www.interfaceflor.eu

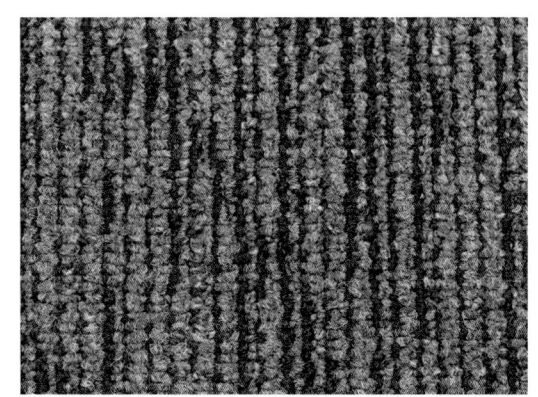

Produktart	Velours
Eigenschaften	4 mm dicke Veloursware mit Latexrücken, rutschhemmend, vielseitig einsetzbar, Breite: 110/130/160 cm
Material	Kunststoffwebware
Name	Subli-Carpet Pro
Kontakt	www.multiplot.de

Produktart	Velours
Eigenschaften	4 mm dicke Veloursware mit Latexrücken, rutschhemmend, vielseitig einsetzbar, Breite: 110/130/160 cm
Material	Kunststoffwebware
Name	Subli-Carpet Pro
Kontakt	www.multiplot.de

Produktart	Getufteter Velours
Eigenschaften	Gesamtdicke: ca. 7 mm, Brandschutzklasse Cfl-s1, Trittschall-dämmung ca. 27 dB, Grundmaterial: Polyester-Vlies
Material	100 % Polyamid
Name	DIALOG bauhaus
Kontakt	www.vorwerk-teppich.de

Produktart	Getuftete Schlingenqualität, Teppichfliese
Eigenschaften	Flexible Teppichfliese mit wolltextilem Teppichrücken, voll recyclingfähig, ohne Bitumen und PVC
Material	Polyamid
Name	FreeSCALE Crystal
Kontakt	www.vorwerk-teppich.de

Produktart	Tufting
Eigenschaften	Extrem strapazierfähig, guter Komfortwert, Verwendungsbereich: Stuhlrolle, Treppe, Brandschutzklasse Cfl-s1
Material	100 % Polyamid
Name	CUT & LOOP, Track One
Kontakt	www.toucan-t.de

Produktart	Tufting
Eigenschaften	Extrem strapazierfähig, guter Komfortwert, Verwendungsbereich: Stuhlrolle, Brandschutzklasse Cfl-s1
Material	100 % Polyamid
Name	CUT & LOOP, Areas
Kontakt	www.toucan-t.de

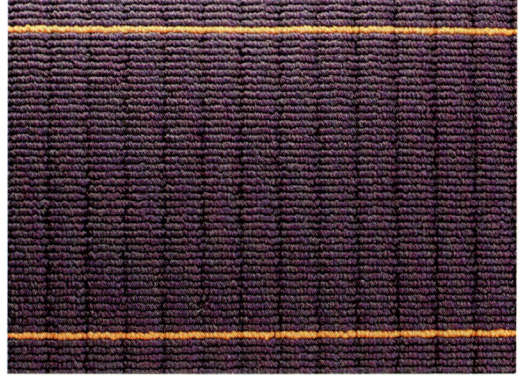

Produktart	Getuftete Schlingenqualität, Fliese
Eigenschaften	Innovativer, niedrigfloriger Schlingenteppich, patentierte Technologie: nimmt schädlichen Feinstaub äußerst wirksam auf
Material	Kunststoffwebware
Name	Airmaster 4406
Kontakt	www.desso.com

Produktart	Getuftete Schlingenqualität, Teppichfliese
Eigenschaften	Außergewöhnliche Vielseitigkeit, recyceltes Material im Polfasermaterial und in der Rückenkonstruktion
Material	100 % Solution Dyed Nylon
Name	Shibori Collection, Sashiko
Kontakt	www.interfaceflor.eu

Produktart	Nadelvlies
Eigenschaften	Beanspruchungsklasse 33, extrem robust, geeignet für Fuß-bodenheizung, vollflächige Verklebung, Brandschutzklasse Bfl-s1, Rollenware, Stärke: 6,5 mm, Umweltzeichen: Blauer Engel
Material	100 % Polyamid
Name	Finett G.T. 2000+, 8002 grau
Kontakt	www.finett.de

Produktart	Nadelfilz
Eigenschaften	Objektbereich, Bahnenware oder selbstliegende Fliesen, schwer entflammbar, höchste Strapazierfähigkeit, 60 Farben erhältlich, Sonderfarben ab 500 m², nominiert zum Designpreis BRD 2006
Material	40 % Polyamid, 60 % Polypropylen
Name	FFF Fulda Ment60
Kontakt	www.filzfabrik-fulda.de

Produktart	Nadelvlies, gemustert
Eigenschaften	Beanspruchungsklasse 33, extrem robust, geeignet für Fuß-bodenheizung, vollflächige Verklebung, Brandschutzklasse Bfl-s1, Rollenware, Stärke: 5,5 mm, Umweltzeichen: Blauer Engel
Material	100 % Polyamid
Name	Finett DessiNo. 2+, 8021
Kontakt	www.finett.de

Produktart	Nadelfilz, Fliesen, gestreift
Eigenschaften	„Barcode"-Streifen in 2 Farbkomponenten, 13 Farbvarianten erhältlich, Objektbereich, schwer entflammbar, hohe Strapazierfähigkeit, Innovationspreis AIT Architektur und Boden
Material	100 % Polyamid
Name	FFF Fulda PA
Kontakt	www.filzfabrik-fulda.de

Produktart	Nadelvlies, gemustert
Eigenschaften	Beanspruchungsklasse 33, Objektbereich, geeignet für Fußbodenheizung, vollflächige Verklebung, Brandschutzklasse Bfl-s1, Rollenware, Stärke: 6,5 mm, Umweltzeichen: Blauer Engel
Material	100 % Polyamid
Name	FINETT ACCENT+, 7850
Kontakt	www.finett.de

Produktart	Kugelgarn
Eigenschaften	Vollsynthetischer Träger, Rückenbeschichtung latexiert, geeignet für Fußbodenheizung, Rollenware, Stärke: ca. 5,5 mm, Brandschutzklasse Cfl-s1, vollflächige Verklebung,
Material	Ca. 40 % Polyamid, ca. 60 % Polypropylen
Name	Resista schiefergrau 181
Kontakt	www.fabromont.ch

Produktart	Rips-Messeboden
Eigenschaften	Messe-Bodenbelag, Bahnenware, Breite: 200 cm, in verschiedenen Farben erhältlich, Resinerücken, Brandschutzklasse Bfl-s1
Material	100 % Polypropylen
Name	K 294 Rips kompakt hellgrau
Kontakt	www.expomobil.de

Produktart	Tennisbelag
Eigenschaften	Profi-Tennisbelag für Hallen, verschiedene Grundfarben mit weißen Markierungslinien erhältlich, langlebig, äußerst strapazierfähig
Material	40 % Polyamid, 60 % Polypropylen
Name	FFF Fulda Tennis Game
Kontakt	www.filzfabrik-fulda.de

Produktart	Kunstrasen für Außenbereiche
Eigenschaften	Weich, pflegeleicht, einfache Verlegung, keine Laufstraßen, unbegrenzt belastbar, hohe Strapazierfähigkeit und UV-Stabilität, Bahnenware
Material	Kunststoffmix
Name	GardenGrass Relax
Kontakt	www.d-aspg.de

Produktart	Kunstrasen, hoch
Eigenschaften	Getuftet, besonders hoch (50 mm), grün, 2 Farben erhältlich, Bahnenware, Breite: 200 cm
Material	100 % Polypropylen
Name	Kunstrasen hoch, G 725 grün
Kontakt	www.expomobil.de

Produktart	Kunstrasen für Außenbereiche
Eigenschaften	Weich, pflegeleicht, einfache Verlegung, keine Laufstraßen, unbegrenzt belastbar, hohe Strapazierfähigkeit und UV-Stabilität, Bahnenware
Material	Kunststoffmix
Name	GardenGrass Terrazzo
Kontakt	www.d-aspg.de

Produktart	Kunstrasen, kurz
Eigenschaften	Weich, kann genäht und bei 30 °C gewaschen werden, spannbar über unregelmäßige Oberflächen, lichtecht, flammhemmende Ausrüstung möglich
Material	Polyethylen auf Viskose-Webträger
Name	Kurz-Gras grün
Kontakt	www.vivelle.de

Produktart	Kunstrasen
Eigenschaften	Robust, kann hinterleuchtet werden, Brandschutzklasse B1 (schwer entflammbar), Bahnenware, Breite: 91 cm, Belagstärke: 20 mm
Material	Polyethylen
Name	Kunstrasen stark, J 600 weiß
Kontakt	www.expomobil.de

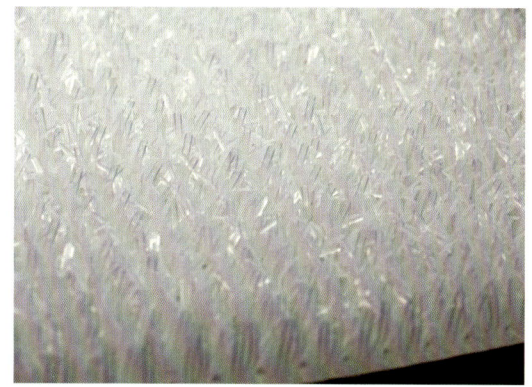

Produktart	Kunstrasen
Eigenschaften	Schwarz, Bahnenware, Breite: 91 cm, Brandschutzklasse Cfl-s1, Belagstärke: 20 mm
Material	PVC
Name	Kunstrasen stark, N 733 schwarz
Kontakt	www.expomobil.de

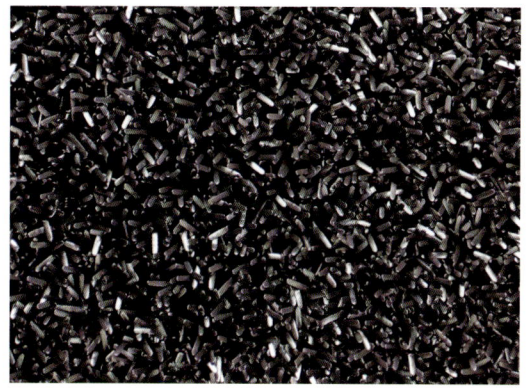

Produktart	Deko-Rasen
Eigenschaften	Kurzer Flor, ideal für Zuschnitte, kann mit Siebdruck bedruckt und genäht werden, für Dekozwecke, widersteht keiner dauerhaften Belastung, Standardfarben: Grün, Weiß und Ocker
Material	Polyethylen auf Polyestervlies
Name	Vivelle Rasen ocker
Kontakt	www.vivelle.de

Produktart	Deko-Gras
Eigenschaften	Robust, kann genäht und bei 30°C gewaschen werden, spannbar über unregelmäßige Oberflächen, Standardfarben: Grün, Weiß und Ocker, weitere Farben siehe Maskerade-Farbkarte
Material	Polyethylen auf Viskose-Webträger
Name	Vivelle Gras weiß
Kontakt	www.vivelle.de

Produktart	Sauberlauf für Innen- und Außenbereiche
Eigenschaften	Geeignet für Innen- und Außenbereiche, nimmt nahezu unbegrenzt Wasser auf, als Rolle oder Matte in 7 Farben erhältlich
Material	100 % Polypropylen-Flor mit Safetex-Rücken, Schwerbeschichtung
Name	Kokos
Kontakt	www.tretford.de

Produktart	Sauberlauf für Innen- und Außenbereiche
Eigenschaften	Geeignet für Innen- und Außenbereiche, nimmt nahezu unbegrenzt Wasser auf, als Rolle oder Matte in 4 Farben erhältlich, auch als abgepasster Teppich mit Bordüre für Außenbereiche erhältlich
Material	Polypropylen-Polyamid SDN-Polyester-Flor, Safetex-Rücken, Schwerbeschichtung
Name	Titan
Kontakt	www.tretford.de

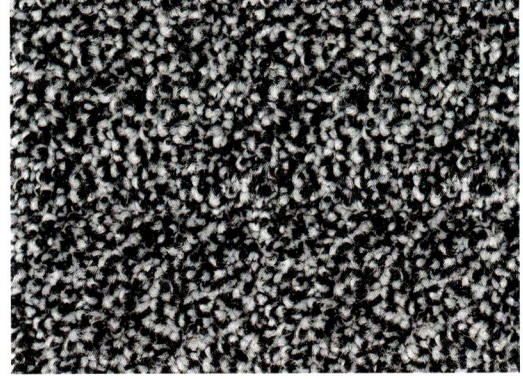

Produktart	Sauberlauf für Innenbereiche
Eigenschaften	Tufting Velours 1/8", schmutzverbergende Eigenschaften der speziell entwickelten Faser
Material	100 % Polyamid mit Polyestervlies-Träger, Schwerbeschichtung
Name	Premium 75.01 anthrazit
Kontakt	www.cro.de

Produktart	Sauberlauf mit Doppelfunktion
Eigenschaften	Für sehr schmutzkritische Bereiche geeignet (Grobschmutz, Nässe, Schlamm), drei Garntypen, Brandschutzklasse Bfl möglich, Bahnen oder Matten erhältlich, Stärke: 10 mm
Material	Drei Garntypen, Trägermaterial, Vinyl- oder Latexrücken
Name	Coral® Brush Activ Purple Lines 5843
Kontakt	www.forbo.de

Produktart	Flockvelour
Eigenschaften	Design: Ettore Sottsass, Naturfaserstränge auf farbigem Untergrund, Bahnenware, Breite: 200 cm, Belagstärke: 4,3 mm, Brandschutzklasse Bfl-s1, geeignet für Fußbodenheizung
Material	100 % Nylon
Name	Flotex® Wool 990609
Kontakt	www.forbo.de

Produktart	Sauberlauf für Innen- und Außenbereiche
Eigenschaften	Geeignet für Innen- und Außenbereiche, nimmt sehr gut Schmutz und Feuchtigkeit auf, geräuschdämmend, beständig gegen die meisten Öle und Chemikalien, mit oder ohne Rücken erhältlich
Material	Dreidimensional gebundene Monofilamente
Name	Curli 35.20 rot
Kontakt	www.cro.de

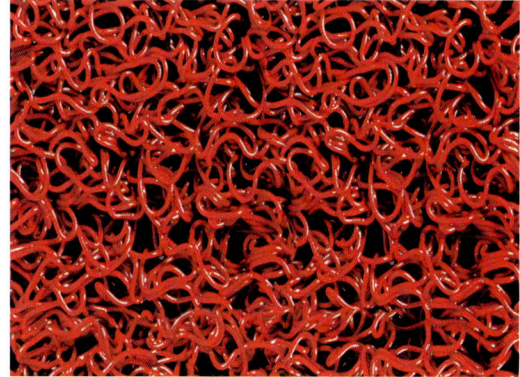

Produktart	Sauberlauf für Innen- und Außenbereiche
Eigenschaften	Flexible, haltbare Vinyl-Filamente gegen groben Schmutz, Antirutschgranulat, Vinyloberfläche, mit und ohne Rücken aus Vinyl erhältlich, zweifarbig, 12 Farbvarianten erhältlich
Material	Vinyl
Name	Coral® Grip mahagony 6164
Kontakt	www.forbo.de

Produktart	Sauberlauf
Eigenschaften	Aufrollbare und strapazierfähige Eingangsmatte, eingelassene, widerstandsfähige und witterungsbeständige Rauhaar-Ripsstreifen, geeignet für Rollstuhlnutzung
Material	Rips, verwindungssteife Alustreifen, Trittschalldämmung
Name	Diplomat 522 R
Kontakt	www.emco.de

Produktart	Wollfilz, mit Füllung, abgepasst
Eigenschaften	Design: Aude Genton, abgepasster Teppich, Oberfläche: Wollfilz aus 100% reiner Schurwolle, Maße: 180 x 300 cm, Stärke: ca. 5 cm, Metallknöpfe weiß lackiert
Material	100 % reine Schurwolle, Polsterschaumstoff-Füllung, Metallknöpfe
Name	Wool Relax 737
Kontakt	www.ruckstuhl.com

Produktart	Wollfilzteppich mit Holzstreifen
Eigenschaften	Wollfilzteppich aus 100 % Schurwolle mit Streifen aus lasiertem Eichenholz, Breite: 100–400 cm (10-cm-Schritte), Längen: 104–404 cm (20-cm-Schritte), Stärke: 6 mm
Material	75 % Wollfilz, 20 % Holz, 5 % Polyurethan
Name	Stripes Feltro-Legno 299, Eiche lasiert
Kontakt	www.ruckstuhl.com

Produktart	Teppich mit doppelschichtigem Schaumkern
Eigenschaften	Zeitgemäß minimalistisches Design, vielseitig einsetzbar durch Schaumkern, sehr widerstandfähig, hochwertiger Stoff von Kvadrat, 6 Standardfarben, Sondergrößen und -farben auf Anfrage
Material	Visko-elastischer Schaumstoffkern, 100 % Schurwolle-Filz, Kunstlederrücken
Name	FABRIC [SQUARED] FELT
Kontakt	www.kymo.de

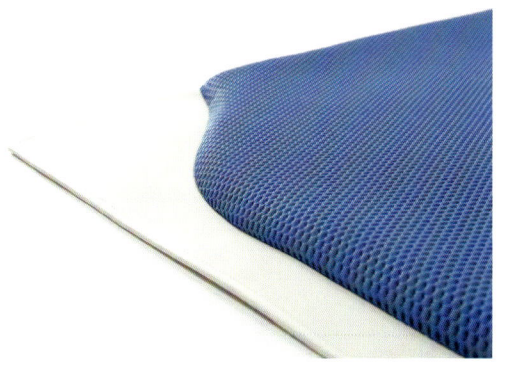

Produktart	Teppich, Interpretation einer Sportmatte
Eigenschaften	Sneaker-Look, zeitgemäße Interpretation einer Sportmatte, vielseitig einsetzbar für die unterschiedlichsten Aktivitäten, schmutzabweisend durch Polyester als Obermaterial, Maße: 140 x 200 cm
Material	Polyurethan-Schaumstoffkern, Polyester-Mesh-Textil, Kunstlederrücken
Name	SPORTS 1 marine blue & white 3608
Kontakt	www.kymo.de

Produktart	Handgetufteter Boucléteppich, funkelnde Optik
Eigenschaften	Funkelnder Boucléteppich, inspiriert vom Sternenhimmel, luxuriöse Optik, beliebige Maße erhältlich, Boucléhöhe: 11 mm
Material	Wolle, Polyester, Leinen und Lurex
Name	Monroe Black 5
Kontakt	www.kasthall.com

Produktart	Badezimmer-Velours
Eigenschaften	Badezimmer-Soft-Velours, besonders weicher Flor, selbstliegend, Bahnenware oder Fliesen, waschbar, 6 Standardfarben erhältlich
Material	100 % Polyamid
Name	FFF Fulda Flair
Kontakt	www.filzfabrik-fulda.de

Produktart	Handgetufteter Teppich aus Naturfasern
Eigenschaften	Design: Antje Schlegel, handgetuft, natürlich, Flor: ca. 35 mm, jedes Maß bis 1150 cm Breite und in jeder Länge erhältlich
Material	80 % reine Neuseeland-Schurwolle gewalkt, 20 % Leinen
Name	Tocado
Kontakt	www.co-designers.de

Produktart	Handgetufteter Teppich aus Naturfasern
Eigenschaften	Design: Werner Suchy, handgetuft, natürlich, Flor: ca. 35 mm, schwarz-weiß, 8 Farben erhältlich, jedes Maß bis 500 cm Breite und 1300 cm Länge erhältlich
Material	100 % Leinen
Name	Break 301 black-white
Kontakt	www.co-designers.de

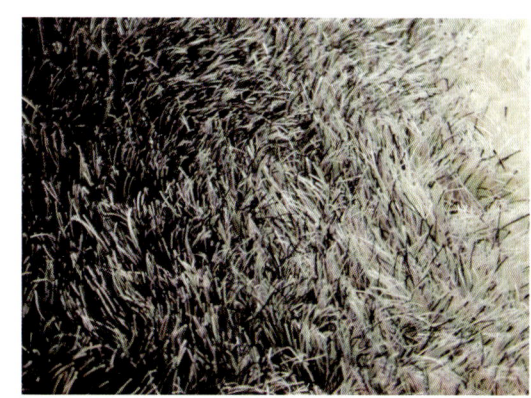

Produktart	Bemaltes Segeltuch, Unikat
Eigenschaften	Für privaten Wohnbereich geeignet, elastisch, widerstandfähig, Maße über 6 m² auf Nachfrage, Einfassung möglich, vollflächige Verklebung mit Teppichunterlage, angenehmes Gehgefühl
Material	Segeltuch (Leinen oder Baumwolle), Bemalung
Name	Lin 2
Kontakt	www.arsfundi.de

Produktart	Bemaltes Segeltuch, Unikat
Eigenschaften	Für privaten Wohnbereich geeignet, elastisch, widerstandfähig, Maße über 6 m² auf Nachfrage, Einfassung möglich, vollflächige Verklebung mit Teppichunterlage, angenehmes Gehgefühl
Material	Segeltuch (Leinen oder Baumwolle), Bemalung
Name	Maputo
Kontakt	www.arsfundi.de

Produktart	Holzteppich
Eigenschaften	Holzteppich aus geöltem Eichenholz mit Streifen, Rapport: 4,5 cm (4 cm Holz, 0,5 cm Polyurethan), Breite: 100–400 cm (10-cm-Schritte), Länge: 99–405 cm (9-cm-Schritte), Stärke: 6 mm
Material	90 % Holz, 10 % Polyurethan
Name	Stripes, Legno-Legno, 205 Eiche geölt
Kontakt	www.ruckstuhl.com

Produktart	Holzteppich
Eigenschaften	Holzteppich aus geöltem Nussbaumholz mit Streifen, Rapport: 4,5 cm (4 cm Holz, 0,5 cm Polyurethan), Breite: 100–400 cm (10-cm-Schritte), Längen: 99–405 cm (9-cm-Schritte), Stärke: 6 mm
Material	90 % Holz, 10 % Polyurethan
Name	Stripes, Legno-Legno 241 Nussbaum geölt
Kontakt	www.ruckstuhl.com

Produktart	Handwebteppich, Strickoptik
Eigenschaften	Zöpfe aus Filz in Strickoptik, natürlich, weich
Material	100 % Wollfilz (Merinowolle)
Name	Super Green, Highland
Kontakt	www.angelorugs.com

Produktart	Kokos-Sisal-Teppich, zweifarbig
Eigenschaften	Abgepasster Teppich aus Kokos mit Sisalfäden, Rollenware, Breite: ca. 400 cm, Stärke: 17 mm, ohne Rücken, Flammfestigkeit EFL
Material	85% Kokos, 15 % Sisal
Name	Cocos, Columbo due 299
Kontakt	www.ruckstuhl.com

Produktart	Teppich mit Wolle und Gummi
Eigenschaften	Design: Zumbühl + Birsfelder, abgepasster Teppich, Wolle, Gummi und Hanf/Leinen miteinander verwoben, Breite: 100–300 cm, max. Länge: 500 cm, schwarz-grau-braun
Material	Ca. 42 % Wolle, ca. 53,5 % Gummi, ca. 4,5 % Hanf oder Leinen
Name	+Plus 03, Incubo
Kontakt	www.ruckstuhl.com

Produktart	Handwebteppich, Kieselsteinoptik
Eigenschaften	Kieselsteinoptik, natürlich, weich
Material	100 % Wollfilz (Merinowolle)
Name	Super Green, On the Rocks
Kontakt	www.angelorugs.com

Produktart	Handgetufteter Boucléteppich
Eigenschaften	Knüpfteppich, grobes Wollgarn verleiht den vollen und robusten Charakter, Kombination von Garn und Farbskala sorgt für freche, kraftvolle und „punkige" Optik, Florhöhe: 40 mm
Material	Wolle und Leinen
Name	Tekla Raspberry Swirl 100
Kontakt	www.kasthall.com

Produktart	Fellteppich
Eigenschaften	Verschieden große Punkte aus gefärbtem Rinderfell aneinandergefügt
Material	100 % Fell (Hochland-Rind, Pakistan)
Name	Crazy World, Rodéo
Kontakt	www.angelorugs.com

Produktart	Handwebteppich, florale Formen
Eigenschaften	Florale Formen aus Filz, dreidimensional, natürlich, weich
Material	100 % Wollfilz (Merinowolle)
Name	Crazy World, Lucky Flowers
Kontakt	www.angelorugs.com

Produktart	Kokosläufer „Der rote Teppich"
Eigenschaften	Intensive Farbigkeit, unverwüstlich, schwerentflammbar, pflegeleicht, gute Griffigkeit, hohe Elastizität, 100 % Naturfaser, Sonderanfertigungen möglich
Material	100 % Kokos
Name	Kokosläufer Extra uni rot Fischgrat unbeschichtet Art.Nr. 41
Kontakt	www.kokosweberei-schaer.de

Produktart	Abgepasster Teppich mit Einschnitten
Eigenschaften	Exclusiver Bodenschmuck, Designobjekt, funktional, kombinierbar, Scherenschnitte für den Boden
Material	100 % Polyamid-Spinngarn Antron®
Name	Edition Silhouette silver
Kontakt	www.object-carpet.de

Produktart	Handgeknüpfter Orientteppich, bearbeitet
Eigenschaften	Zeitgemäßes Design, handgearbeitet in allen Schritten der Herstellung, robust, 5 Standardgrößen und 6 Grundcolorierungen erhältlich, Sondergrößen, -formen und -colorierungen möglich
Material	Handgeknüpfter Orientteppich, bearbeitet, Polyestervlies-Rücken
Name	THE MASHUP, Patchwork grey-red
Kontakt	www.kymo.de

Produktart	Handgeknüpfter Orientteppich, bearbeitet
Eigenschaften	Zeitgemäßes Design, handgearbeitet in allen Schritten der Herstellung, robust, 5 Standardgrößen und 6 Grundcolorierungen erhältlich, Sondergrößen, -formen und -colorierungen möglich
Material	Handgeknüpfter Orientteppich, bearbeitet, Polyestervlies-Rücken
Name	THE MASHUP, Patchwork grey-blue-black
Kontakt	www.kymo.de

Produktart	Schaftgewebter Boucléteppich
Eigenschaften	Inspiration von der Mantelmode der 50er- und 60er-Jahre, Mischung aus Nostalgie, Rustikalität, Glimmer und Luxus bestimmt seine optische Wirkung
Material	Wolle, Leinen und Effektgarn
Name	Gloria Pink 613-8003
Kontakt	www.kasthall.com

SONSTIGE
BODENBELÄGE

Mit dem nötigen Wissen, Können und Mut lassen sich so gut
wie alle Materialien als Bodenbelag einsetzten. Durch Weiterent-
wicklung, Kombination oder Zweckentfremdung nimmt die Zahl
der verfügbaren Beläge ständig zu. Ein Beispiel aus jüngster Zeit
sind die ursprünglich für eher funktionale Aufgaben entwickelten
Beschichtungen, welche inzwischen auch vermehrt als dekorativer
Bodenbelag eingesetzt werden. Den Hersteller des fliegenden
Teppichs haben wir aber immer noch nicht entdeckt ...

06.01 Sonstige Bodenbeläge
Beschichtungen / Industrieböden
Metalle
Sonstige

152

152

152

152

153

153

153

153

154

154

154

154

155

155

155

155

156

156

156

157

157

157

157

158

158

158

158

159

159

159

159

160

160

160

160

161

161

161

161

162

162

162

162

163

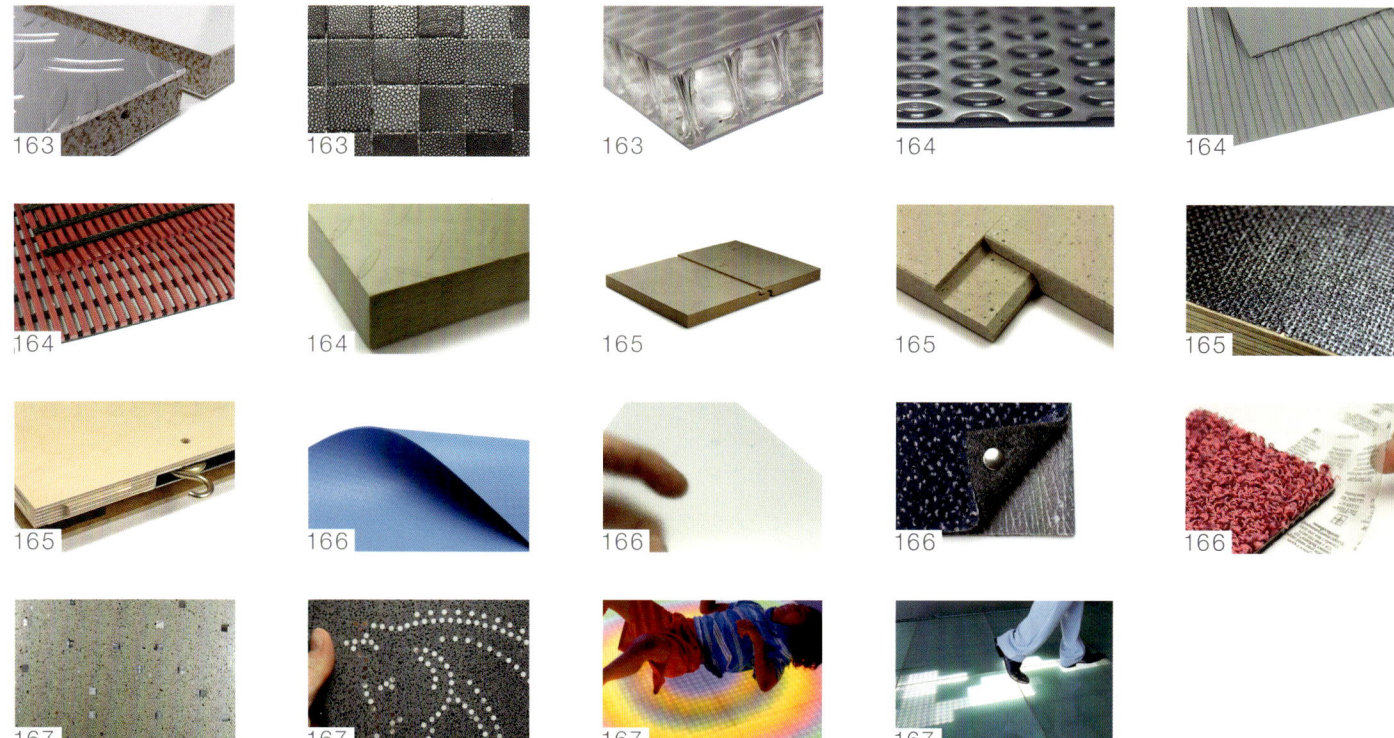

163

163

163

164

164

164

164

165

165

165

165

166

166

166

166

167

167

167

167

Produktart	Beschichtung, Unikat
Eigenschaften	Unikat, unterschiedliche Verarbeitungsmöglichkeiten und Farben, sehr spannungsarm, hohe Festigkeit, 1-komponentig, Stärke: bis 10 mm, zementgebunden, perfekte Verlaufseigenschaften
Material	Bodenspachtelmasse, zementgebunden
Name	ServoArt® CeFlo lackiert
Kontakt	www.kiesel.com

Produktart	Beschichtung, Unikat
Eigenschaften	Unikat, unterschiedliche Verarbeitungsmöglichkeiten und Farben, sehr spannungsarm, hohe Festigkeit, 1-komponentig, Stärke: bis 10 mm, zementgebunden, perfekte Verlaufseigenschaften
Material	Bodenspachtelmasse, zementgebunden
Name	ServoArt® CeFlo geölt
Kontakt	www.kiesel.com

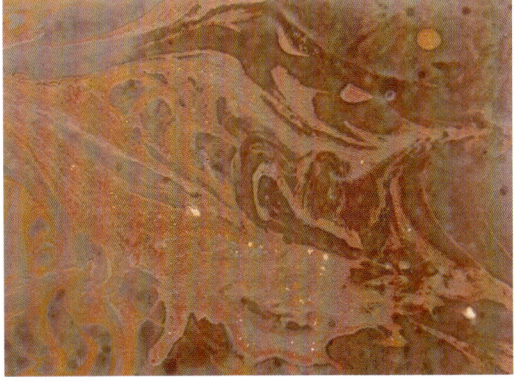

Produktart	Gussboden, Steinoptik
Eigenschaften	Farbiger Betonfußboden, fugenlos, ganzheitlich, Elemente aus anderen Materialien einbindbar, geeignet für alle Innenräume im privaten und öffentlichen Bereich
Material	Bodenspachtelmasse
Name	Terrocco rostbraun
Kontakt	www.kromer-bau.de

Produktart	Beschichtung
Eigenschaften	Für Innen- und Außenbereiche sowie Nassbereiche geeignet, Fußbodenheizung geeignet, angenehm fußwarm, pflegeleicht, fugenlos, rutschsicher
Material	Bodenspachtelmasse
Name	90.3180.200 mittel grau
Kontakt	www.naturofloor.ch

Produktart	2-K-PU-Dekor-Beschichtung
Eigenschaften	Basis: natürlich nachwachsende Rohstoffe, physiologisch unbedenklich, geprüft gemäß AgBB, zähelastisch, lichtbeständig, selbstverlaufend, rissüberbrückend, trittschalldämmend, fußwarm
Material	Polyurethan-Verlaufsbeschichtung mit Rizinus
Name	AB-Zeropur 836, kieselgrau (ca. RAL 7032)
Kontakt	www.ab-polymerchemie.de

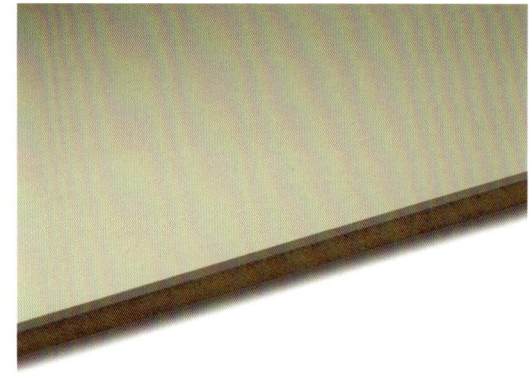

Produktart	2-K-Verlaufsbeschichtung
Eigenschaften	Verlaufsbeschichtung, flexibel, rissüberbrückend, trittschalldämmend, lichtbeständig
Material	2-K-Polyurethan
Name	Rinol PU-C 520
Kontakt	www.rinol.de

Produktart	2-K-Polyurethanbeschichtung
Eigenschaften	Trittschallmindernd, chemisch belastbar, mechanisch leicht bis mittelschwer belastbar, rissüberbrückend bis 1 mm, stehend verarbeitbar, sehr gute Entlüftung, lösemittelfrei
Material	Polyurethanharz
Name	PUR Uni Color
Kontakt	www.remmers.de

Produktart	2-K-Epoxidharzbeschichtung, glänzend
Eigenschaften	Frei von Lösemitteln und Silikon, chemische Resistenz, mechanisch und chemisch belastbar, sehr gute Verlaufs- und Entlüftungseigenschaften, frei von lackschädlichen Additiven, glänzend
Material	Epoxidharz
Name	StoPox BB OS
Kontakt	www.stocretec.de

Produktart	2-K-Epoxidharz-Wasserlack, glänzend
Eigenschaften	Farbige Versiegelung für Industrieböden und Verkehrsflächen, wasserdampfdiffusionsfähig, sehr gute Haftung, nicht geeignet für mechanisch hoch belastete Flächen
Material	Epoxidharz-Wasserlack
Name	StoPox WL 100
Kontakt	www.sto.de

Produktart	2-K-PUR-Beschichtung, glänzend oder seidenmatt
Eigenschaften	Optisch hochwertige Oberfläche, emissionsarm, zähelastisch, widerstandsfähig, als begeh- und befahrbare Oberfläche, statisch rissüberbrückend, trittschalldämmend
Material	Polyurethan
Name	StoPur BB 100
Kontakt	www.sto.de

Produktart	Beschichtung mit Walnussschalen
Eigenschaften	Auf fast jedem Untergrund anwendbar, geringe Aufbauhöhe: 2–3 mm, wasserdicht, lichtstabil, witterungsbeständig, ableitfähig, kratzfest, Ornamentspachtelung und Plattenware möglich
Material	Epoxidharz, Walnussholz, Kopfversiegelung aus 2-K-PU-Lack
Name	Porviva Natur, Walnuss (fein)
Kontakt	www.porviva.com

Produktart	Beschichtung mit Mineralien, Gold
Eigenschaften	Starke optische Akzente, nur natürliche Mineralien, erhältlich in Silber, Gold, Schiefer und Granit, kombinierbar mit Porviva Synthetic
Material	Epoxidharz, Mineralien, Kopfversiegelung aus 2-K-PU-Lack
Name	Porviva Mineral, Gold
Kontakt	www.porviva.com

Produktart	EP-Beschichtungssystem, individuelle Gestaltung
Eigenschaften	Applizierbar in einem Arbeitsgang, dekorativ, unterschiedliche Basisfarben, individuelle Gestaltung durch Akzentfarben möglich, sehr gut zu reinigen, flüssigkeitsdicht, hohe Lichtbeständigkeit
Material	Epoxidharz
Name	MC-DUR SL, mittelgrau
Kontakt	www.mc-bauchemie.de

Produktart	Epoxidharzbeschichtung, dekorative Gestaltungsmöglichkeiten
Eigenschaften	Staub- und abriebfrei, leicht zu reinigen, fugenlos, flüssigkeitsdicht und chemikalienbeständig, insbesondere gegen Lösungsmittel, glatte und rutschfeste Oberfläche, selbstverlaufendes System
Material	Epoxidharzmischung, Polyaminhärter und Quarzsandmischung
Name	Seilo® POX Epoxidharzbeschichtung
Kontakt	www.seilo.de

Produktart	2-K-Beschichtung, mit Farbsanden, Chips oder Polyacryl
Eigenschaften	Hohe chemische Resistenz, fugenlos, hygienisch, reinigungsfreundlich, elastisch, rutschhemmend möglich, hohe Frühfestigkeit, auch bei niedrigen Temperaturen, druck- und abriebfest
Material	Methacrylat-Reaktionsharze in 2-K-System
Name	Seilo® CRYL Acrylharzbeschichtung
Kontakt	www.seilo.de

Produktart	Wasserdichte APP-Bitumendichtungsbahn, Schieferbeschichtung
Eigenschaften	Geeignet für den Außenbereich, Lebensdauer über 30 Jahre, zu 100 % recyclebar, Rollenware, aufgestreutes Schiefergranulat in 5 Farben erhältlich
Material	Spezifisches Bitumen, modifiziert mit Edelpolymeren, Trägereinlage aus Glas-/Polyestervlies
Name	Derbicolor
Kontakt	www.derbigum.de

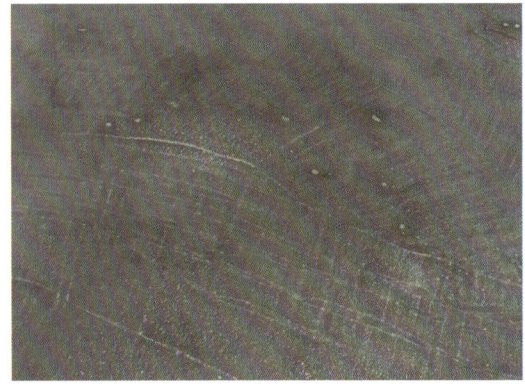

Produktart	Beschichtung mit Echtmetall, Edelstahl
Eigenschaften	Auf fast jedem Untergrund anwendbar, geringe Aufbauhöhe: 2–3 mm, wasserdicht, lichtstabil, witterungsbeständig, ableitfähig, kratzfest, Ornamentspachtelung und Plattenware möglich
Material	Epoxidharz, Edelstahl, Kopfversiegelung aus 2-K-PU-Lack
Name	Porviva Metall, Edelstahl spezial
Kontakt	www.porviva.com

Produktart	Beschichtung mit Echtmetall, Messing
Eigenschaften	Auf fast jedem Untergrund anwendbar, geringe Aufbauhöhe: 2–3 mm, wasserdicht, lichtstabil, witterungsbeständig, ableitfähig, kratzfest, Ornamentspachtelung und Plattenware möglich
Material	Epoxidharz, Messing, Kopfversiegelung aus 2-K-PU-Lack
Name	Porviva Metall, Messing spezial
Kontakt	www.porviva.com

Produktart	Beschichtung, nahezu alle Farben
Eigenschaften	Je nach Objektgröße in nahezu allen Farben erhältlich, Zusätze aus Metall oder Mineralien möglich, wasserdicht, lichtstabil, kratzfest
Material	Polyurethan
Name	Porviva Synthetic
Kontakt	www.porviva.com

Produktart	2-K-Epoxidharzbeschichtung
Eigenschaften	Chemisch hoch beständig, undurchlässig gegenüber Flüssigkeiten, begeh- und befahrbar, rissüberbrückend bis 0,2 mm, alterungs- und witterungsstabil
Material	Epoxidharz
Name	Epoxy WHG Beschichtung
Kontakt	www.remmers.de

Produktart	Beschichtung, rutschhemmend
Eigenschaften	Rutschhemmend R13, je nach Anforderung andere Korngröße verwendbar
Material	Epoxidhaz, Quarz
Name	MC-DUR 2500
Kontakt	www.mc-bauchemie.de

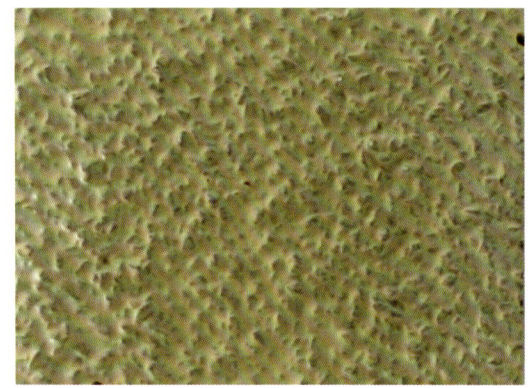

Produktart	2-K-Beschichtung, wasserdampfdiffusionsfähig
Eigenschaften	Seidenglänzend oder matt, hoch abriebfest, mechanisch/chemisch beanspruchbar, befahrbar, rutschhemmend ausrüstbar, physiologisch unbedenklich, DIBt-Zulassung für Innenräume
Material	Wasseremulgierbares, pigmentiertes Epoxidharz
Name	Epoxy BS 3000
Kontakt	www.remmers.de

Produktart	Antirutschbelag, wasserdampfdiffusionsfähig
Eigenschaften	Coloriertes Einstreugranulat in 3 verschiedenen Sieblinien, 9 Standarddesignfarbtöne erhältlich, Sonderfarben möglich, verschleissfest, rutschhemmend, geruchlos, fest
Material	Quarzeinstreuung mit Epoxidharzversiegelung
Name	Ceramix 03 anthrazit
Kontakt	www.remmers.de

Produktart	Reflektierende Straßenmarkierung
Eigenschaften	Mechanische Belastbarkeit, vollflächige Haftung, witterungsbeständig, schnelle Reaktivität, lösemittelfrei
Material	PMMA (Polymethylmethacrylatharz)
Name	Preco Cryl Kaltplastik RP 2K Reibeplastik
Kontakt	www.triflex.de

Produktart	1-K-Versiegelung für Parkett- und Holzfußböden
Eigenschaften	Versiegelung der Oberflächenbehandlung, geeignet für normale bis starke Beanspruchung, selbst vernetzend, verleiht Holz eine warme Anfeuerung, keine Lackvergilbung, schnell trocknend
Material	1-K-wasserbasierte Dispersion
Name	Bona Novia halbmatt
Kontakt	www.bona.com

Produktart	2-K-PU-Wasserversiegelung
Eigenschaften	Geeignet für Parkett- und Holzfußböden in stark frequentierten Bereichen, sehr hohe Chemikalien- und Abriebbeständigkeit, sehr emissionsarm
Material	Polyurethanbasis
Name	LOBADUR® WS 2K Duo matt
Kontakt	www.loba.de

Produktart	2-K-PU-Wasserversiegelung, Rutschhemmung R9 /+R10
Eigenschaften	Geeignet für Parkett- und Holzfußböden in stark frequentierten Bereichen, sehr hohe Chemikalien- und Abriebbeständigkeit, 4 Glanzgrade erhältlich, Rutschhemmung R9 /+R10
Material	Polyurethanbasis
Name	LOBADUR® WS 2K Duo anti-slip
Kontakt	www.loba.de

Produktart	2-K-Beschichtung, Brandschutz
Eigenschaften	Zertifiziertes Brandschutzsystem für Parkett, schwer entflammbare Oberfläche nach B1/Cfl-s1, vorteilhaft insbesondere bei Renovierungen, geeignet für sehr stark frequentierte Bereiche
Material	Transparenter 2-K-Lack
Name	LOBADUR® WS Sealer FR
Kontakt	www.loba.de

Produktart	Öl-Hartwachs im Innenausbau
Eigenschaften	Geeignet für normale bis sehr starke Beanspruchung, auf Hart-, Weich- und Exotenhölzern, auch für Kork, Bambus, saugfähigen Stein oder Cotto, hellere, geringe Anfeuerung der Oberfläche
Material	Öl-Hartwachs
Name	HP-Oil High-Protection
Kontakt	www.irsa.de

Produktart	Naturöl für Parkett- und Holzfußböden
Eigenschaften	Geeignet für normale bis sehr starke Beanspruchung, sehr warme Anfeuerung des Holzes, baubiologisch unbedenklich, lösemittel- frei, schützt und pflegt die Oberfläche, enthält natürliche Öle
Material	Naturöl, lösemittelfrei
Name	Natura Hartöl
Kontakt	www.irsa.de

Produktart	2-K-Deckwasserlack für Parkett- und Holzfußböden, ultramatt
Eigenschaften	Geeignet für normale bis sehr starke Beanspruchung, sehr kratz- fest, sehr gute Chemikalienbeständigkeit, lichtecht, ultramatte Optik
Material	2-K-Deckwasserlack
Name	Platinum 3030 ultramatt
Kontakt	www.irsa.de

Produktart	2-K-Deckwasserlack für Parkett- und Holzfußböden, Hochglanz
Eigenschaften	Geeignet für normale bis sehr starke Beanspruchung, sehr kratz- fest, sehr gute Chemikalienbeständigkeit, hochglänzende Optik
Material	2-K-Deckwasserlack
Name	Platinum 3055 Hochglanz
Kontakt	www.irsa.de

Produktart	LM Fertigparkett, Echtmetall (Bronze) auf Holz
Eigenschaften	Lichtbeständig, nicht elektrisch leitend, nickelfrei, waserfest, nicht toxisch, nicht entflammbar
Material	Echtmetall-Farbe (Bronze) auf Holz
Name	Bronze 6075 S LGAG Gebirgslärche P
Kontakt	www.liqmet-europe.com

Produktart	LM Fertigparkett, Echtmetall (Messing) auf Holz
Eigenschaften	Lichtbeständig, nicht elektrisch leitend, nickelfrei, waserfest, nicht toxisch, nicht entflammbar
Material	Echtmetall-Farbe (Messing) auf Holz
Name	Messing 6051 S RODA Robinie dunkel W
Kontakt	www.liqmet-europe.com

Produktart	LM Fertigparkett, Echtmetall (Zink) auf Holz
Eigenschaften	Lichtbeständig, nicht elektrisch leitend, nickelfrei, waserfest, nicht toxisch, nicht entflammbar
Material	Echtmetall-Farbe (Zink) auf Holz
Name	Zink 6052 S RODA Robinie dunkel W
Kontakt	www.liqmet-europe.com

Produktart	Oberflächenschutz, b.c.s.-Technologie
Eigenschaften	Dauerhafter, robuster Oberflächenschutz, geringer Pflegeaufwand, unsichtbar, Produkte behalten ihre natürliche Anmutung und Haptik, kein Glanz-/Nasseffekt, umwelt- und gesundheitsfreundlich
Material	Trägerlösung: Wasser
Name	Bionic cleanable structure
Kontakt	www.lithonplus.de

Produktart	Colorierungssystem auf Naturölbasis, Aufwertung von Holz
Eigenschaften	Für professionelles Einfärben von schubfest verlegten Parkett- und Holzfußböden, 10 Farbtöne erhältlich, ermöglicht die Aufwertung des Bodens auch in der Renovierung
Material	Naturöl, lösemittelfrei
Name	LOBADUR® ProColor
Kontakt	www.loba.de

Produktart	2-K-Hartöl, Pigmentierung, Rutschhemmung R9
Eigenschaften	Lösemittelfreie Pigmentierung, transparent und in 4 Farbvarianten für matte, natürliche Optik erhältlich, erhöhte Rutschhemmung R9, auch für Feuchträume geeignet
Material	Pflanzliches Öl mit 100 % Festkörpergehalt
Name	LOBASOL® HS 2 K ImpactOil Color
Kontakt	www.loba.de

Produktart	Parkettbeize, färbt Holzfußböden
Eigenschaften	Färbt bestehende und neuverlegte Holzfußböden ein, ohne Über- decken der natürlichen Holzstruktur, kostengünstige Alternative zu tropischen Hölzern, 10 Standardfarben, Sonderfarben auf Anfrage
Material	Wasserbasierte Parkettbeize
Name	Pall-X Colour (UFloor Systems Marke Pallman)
Kontakt	www.uzin.de

Produktart	Wasserlack-System, sehr strapazierfähig
Eigenschaften	Sehr hohe Strapazierfähigkeit, sehr verschleiß- und kratzfest, keine lästigen Spuren von Gummisohlen durch Begehen
Material	Wasserlack-System
Name	2x Platinum 3015 um + Elasto 2K Wasserlack
Kontakt	www.irsa.de

Produktart	Spin-Fliese, Edelstahloberfläche
Eigenschaften	Geeignet für Objekt- und Wohnbereich, Verlegung mit Fuge (Silikatrückseite) durch Fliesen-/Bodenleger, auch für Wandanbringung geeignet, Bogenmaß: 298 x 298 mm
Material	Oberfläche: Edelstahl, Rückseite: Silikat
Name	SPIN® Edelstahl Kollektion, Plan
Kontakt	www.hoba-steel.de

Produktart	Spin-Fliese, Edelstahloberfläche
Eigenschaften	Geeignet für Objekt- und Wohnbereich, Verlegung mit Fuge (Feinsteinzeugrückseite ohne Silikat) und ohne Fuge (Kunststoffrückseite) durch Fliesen-/Bodenleger, Maße 297,5 x 297,5 mm
Material	Oberfläche: Edelstahl, Rückseite: Feinsteinzeug bzw. Kunststoff
Name	SPIN® Edelstahl Kollektion, Plan M-297,5
Kontakt	www.hoba-steel.de

Produktart	Spin-Fliese, Edelstahloberfläche, Karo
Eigenschaften	Geeignet für Objekt- und Wohnbereich, Verlegung mit Fuge (Feinsteinzeugrückseite ohne Silikat) und ohne Fuge (Kunststoffrückseite) durch Fliesen-/Bodenleger, auch für Wandanbringung geeignet
Material	Oberfläche: Edelstahl, Rückseite: Feinsteinzeug bzw. Kunststoff
Name	SPIN® Edelstahl Kollektion, Caroplan
Kontakt	www.hoba-steel.de

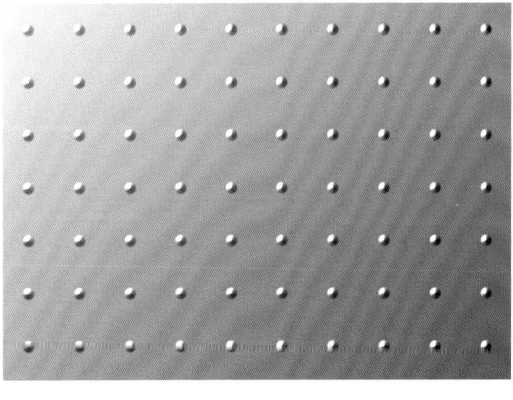

Produktart	Spin-Fliese, Edelstahloberfläche, Punkte
Eigenschaften	Geeignet für Objekt- und Wohnbereich, Verlegung mit Fuge (Feinsteinzeugrückseite ohne Silikat) und ohne Fuge (Kunststoffrückseite) durch Fliesen-/Bodenleger, auch für Wandanbringung geeignet
Material	Oberfläche: Edelstahl, Rückseite: Feinsteinzeug bzw. Kunststoff
Name	SPIN® Edelstahl Kollektion, Dots
Kontakt	www.hoba-steel.de

Produktart	Verbundplatte, Aluminiumoberfläche, sternförmige Wabenstruktur
Eigenschaften	Aluminiumfliesen, Maße: 495 x 495 mm, Stärke: 2 mm (Grundmaterial inkl. Prägung), leicht und schnell zu verlegen, auch für hoch belastete Objektbereiche, unterschiedliche Oberflächen
Material	Aluminium-Legierung
Name	ALU FLOOR Star matt/glänzend
Kontakt	www.medes.de

Produktart	Verbundplatte, Aluminium mit erhabener Oberflächenstruktur
Eigenschaften	Hohe Festigkeit/Steifigkeit, geringes Gewicht, günstiges Brandverhalten, gute thermische Isolation, unempfindlich gegen Feuchtigkeit, optimale Oberfläche
Material	Aluminiumdeckschichten, Hartschaumstoff
Name	COROPAN® AL 150
Kontakt	www.coratec.ch

Produktart	Rassehaut, knochige Struktur
Eigenschaften	Luxuriös, eigenartig, exklusiv, geheimnisvoll, knochige Struktur, wasserbeständig, robust, auch als Wandbelag einsetzbar
Material	Rassehaut (Galuchat), PVC-Belag
Name	Rassehaut
Kontakt	www.fapdesign.com

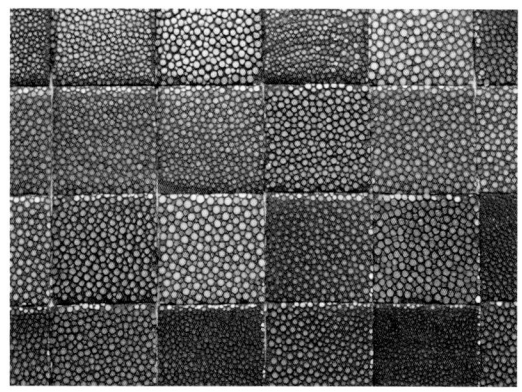

Produktart	Bodenpaneel, hinterleuchtbar
Eigenschaften	Ausgezeichnete Kratzfestigkeit und Begehbarkeit, geringes Gewicht, sehr hohe Steifigkeit, sehr gute UV- und Witterungsbeständigkeit, beidseitig verwendbar
Material	Thermoplastischer Wabenkern mit PC-Deckschichten (beidseitig)
Name	Clear-PEP® UV PC stage
Kontakt	www.design-composite.com

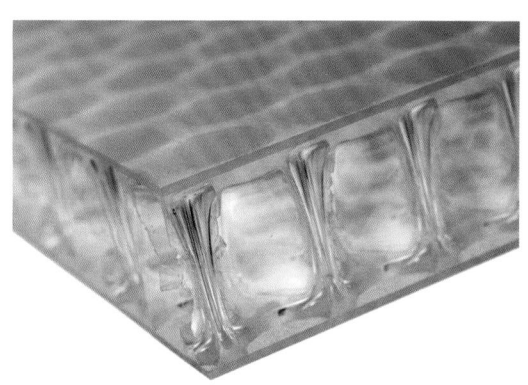

Produktart	Industriebodenbelag, Knopfoptik
Eigenschaften	Lärmdämmend, leicht isolierend, nicht porös, sehr strapazierfähig und robust, resistent gegen die meisten Öle, Fette und Säuren, leichter Zuschnitt, Rollenware, recyclingfähig, einfache Reinigung
Material	Vinyl
Name	Heron FlexiButton®
Kontakt	www.miltex.de

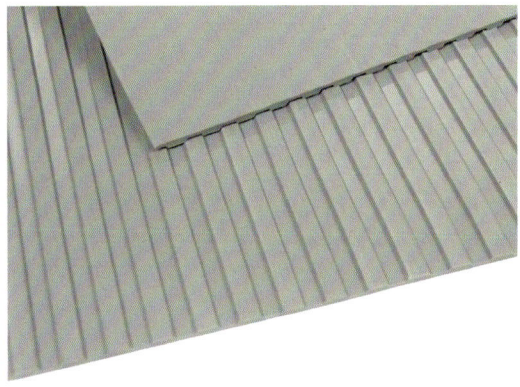

Produktart	Isoliermatte / Antistatische Matte
Eigenschaften	Schutz vor Abnutzung, isolierend, beständig gegen Nässe und die meisten Chemikalien, elektrische Isolation, lose verlegbar, leichter Zuschnitt, anpassbar an verschiedene Arbeitsbereiche
Material	Vinyl
Name	Yoga Tred®
Kontakt	www.miltex.de

Produktart	Nässebeständiger Bodenbelag
Eigenschaften	Hohe Temperaturbeständigkeit (–23 °C bis 60 °C), widersteht Druck und mechanischer Belastung, leichter Zuschnitt, hervorragende Dränageeigenschaften, porenfrei, antibakteriell, rutschhemmend
Material	Vinyl
Name	Heronrib 2000 rot
Kontakt	www.miltex.de

Produktart	GFK-Bodenplatte, strukturierte Oberfläche
Eigenschaften	Wirtschaftlich, dauerhaft, medienbeständig, rutschsicher, hoch belastbar, rauch- und feuerbeständig, isolierend, individuell einfärbbar, leicht zu montieren, langlebig und wartungsfrei
Material	Glasfaserverstärkter Kunststoff (GFK)
Name	DuroSystems™ GFK-Bodensystem
Kontakt	www.fiberconcept.net

Produktart	Beschichtung, Betonoptik
Eigenschaften	Holzwerkstoffplatte mit fest verbundener mineralischer Spachtel-masse in Sichtbeton, Brettschalung, Schiefer- und Klinkeroptik
Material	Holzwerkstoffplatte, mineralische Spachtelmasse
Name	Imi-Beton glatt
Kontakt	www.wvs-ostrowski.de

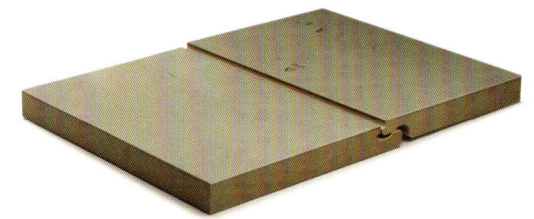

Produktart	Estrichkonstruktion, sehr leicht und dünn
Eigenschaften	Hochbelastbar, formstabil, nicht brennbar, sehr dünn und schnelltrocknend, leicht, leitet sehr gut Wärme, zertifiziert vom Baubiologischen Institut Rosenheim
Material	Estrich-Verbundsystem
Name	Fertigteilestrich Brio
Kontakt	www.knauf.de

Produktart	Industriebodenplatte mit Filmbeschichtung
Eigenschaften	Geeignet für Innen- und Außenbereiche, heimisches Buchenholz, hohe Verschleiß- und Abriebfestigkeit, Oberseite rutschhemmend, Brandschutzklasse Ds2-d0, Unterseite auf Wunsch gestrichen
Material	Heimisches Buchenholz, Filmbeschichtung
Name	Delignit®-Industriebodenplatte ECO
Kontakt	www.delignit.de

Produktart	Modularer Schwingboden, demontierbar
Eigenschaften	Extrem vielseitig, hochwertiges Birkenfurnier, Elemente mit Elastomerpads mit dualer Dichte für einheitliches und konstan-tes Schwingverhalten über die komplette Fläche, demontierbar
Material	Multiplex Birke, Elastomer-Pads, Harlequin PVC-Belag
Name	Harlequin LIBERTY™ permanente Version
Kontakt	www.harlequinfloors.com

Produktart	Abdichtungsbahn für Schwimmbäder, acrylveredelte Oberfläche
Eigenschaften	Hohe Farbstabilität, Schutz vor UV-Strahlen, dauerhafte Flexibilität, hohe Widerstandsfähigkeit gegenüber Mikroorganismen, Farbstoffen, Fetten etc., leichte Reinigung
Material	Polyester-PES
Name	RENOLIT AlkorPlan 2000, Adriatic Blue 35216 203
Kontakt	www.renolit.com

Produktart	Oberflächenschutzfolie für Fußbodenwerbung
Eigenschaften	Transparent, hohe Rutsch- und Abriebfestigkeit im Innenbereich, Rutschhemmung R10, extrem stark belastbar, mit höchst wirksamem UV-Schutz, geprägte Oberfläche
Material	PVC-Folie, Silikonpapier (Abdeckung), Haftklebstoff
Name	ORAGUARD 255 AS
Kontakt	www.orafol.de

Produktart	Fixierung von Teppichbahnen und Fliesen
Eigenschaften	Ermöglicht die Verlegung von Teppichbahnen und Fliesen ohne feste Verklebung, ohne Einfluss auf produkttechnische Zusatzeignungen, bewährtes System speziell für den Objektbereich
Material	Untergrund: Dispersionsfixierung
Name	GIRLOON easyTEX
Kontakt	www.girloon.de

Produktart	Verbundmaterial für Teppichfliesen, abziehbar
Eigenschaften	Schnelle und effiziente Verlegung, fester Verbund der Teppichfliesen untereinander, leichter Austausch, erfüllt LEED-Anforderungen für Materialien, Kleb- und Dichtstoffe mit niedriger Emission
Material	Klebeecken
Name	TacTiles™
Kontakt	www.interfaceflor.eu

Produktart	Betonplatten, interaktiv
Eigenschaften	Platten für den Innenbereich, Terrazzo-Optik mit Natur-einschlüssen, reagiert auf Bewegung
Material	Materialklasse Beton
Name	Sensitile Terrazzo™, grey 6 x 6
Kontakt	www.sensitile.com

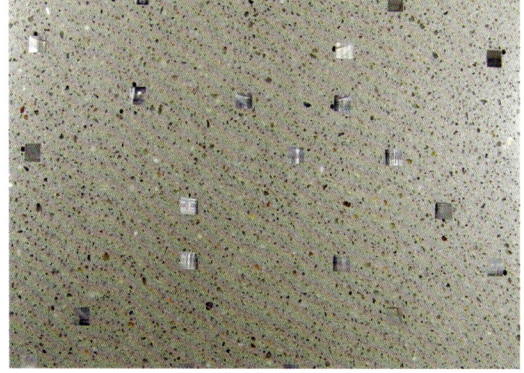

Produktart	Lichtbetonplatten
Eigenschaften	Geeignet für Innen- und Außenbereiche, unempfindlich gegen Wärme, Kälte, UV-Strahlung und Witterungseinflüsse, wasser-abweisende Imprägnierung, auch Wandverkleidung und Möbelbau
Material	Beton, optische Fasern
Name	DOT99®-Lichtbetonplatten
Kontakt	www.lucem.de

Produktart	Modular-Sensor und Lighting-System, dynamisch und interaktiv
Eigenschaften	Dynamische und interaktive Oberflächen, farbig, leuchtend, Sensoren nehmen Bewegung von Menschen und Objekten über das Oberflächenmaterial auf, modulare Plattenware: 30 x 30 cm
Material	Elektronik, LEDs und FR4-Fiberglas
Name	Sensacell module
Kontakt	www.sensacell.com

Produktart	Modular-Sensor und Lighting-System, dynamisch und interaktiv
Eigenschaften	Dynamische und interaktive Oberflächen, farbig, leuchtend, Sensoren nehmen Bewegung von Menschen und Objekten über das Oberflächenmaterial auf, modulare Plattenware: 30 x 30 cm
Material	Elektronik, LEDs und FR4-Fiberglas
Name	Sensacell module
Kontakt	www.sensacell.com

FACHBEITRÄGE

Design

Mit diesem Begriff verbindet sich häufig der Gedanke der abso-
luten künstlerischen Freiheit und kreativen Selbstverwirklichung.
Soweit es die erste Ideenfindung angeht, findet sich dieser Gedanke natürlich auch in unserer Produktentwicklung. Bei einem
stark beanspruchten Gebrauchsgut wie einem Teppich müssen
diese Ideen dann allerdings einem strengen Realitätscheck
unterzogen werden: Sind alle praktischen Anforderungen wie
z. B. Langlebigkeit, Strapazierfähigkeit und Brandschutz erfüllt?
Entspricht die Flächenoptik den Erwartungen? Ist eine wettbe-
werbsfähige Markt-Positionierung möglich? Diese und weitere
Fragen gilt es in mehreren Stufen der Produktentwicklung zu
überprüfen.

Ideenfindung

Als Inspiration zu einem neuen Design können die unterschied-
lichsten Quellen dienen: die Vielfalt der Natur, die Bildende
Kunst oder auch interessante Neuentwicklungen aus anderen
Produktbereichen, welche einen besonderen ästhetischen oder
technischen Reiz haben. Diese Inspirationen begegnen uns
jederzeit und überall.
Auch gesellschaftlich relevante Veränderungen, sogenann-
te Megatrends wie die Globalisierung, der Kampf gegen den
Klimawandel oder neue moderne Lebensformen haben großen
Einfluss auf die Ideenentwicklung.

Zusätzliche Anregungen liefern die Besuche von Fachmessen
der Interior Branche wie z. B. der *Salone di Mobile* in Mailand.
Dort kann man jedes Jahr allgemeine Trends ausmachen, die
nicht nur für die Möbelbranche relevant sind, sondern auch in
der Gestaltung von Bodenbelägen ihre Entsprechung finden
können. Weitere Quellen der Inspiration sind klassische Fach-
zeitschriften für Design, Lifestyle, Wohnen und Architektur bzw.
Innenarchitektur, aber auch Neue Medien. In einschlägigen
Internetblogs findet man oft interessante und ungewöhnliche
Lösungen internationaler Kollegen. Trendanalysen geben ebenfalls hilfreiche Hinweise, welche Farb- und Materialtrends im
Kommen sind.

Realitätscheck

Nach der Ideenphase folgt der wichtige Realitätscheck – schließlich soll am Ende eine funktionierende Produktidee stehen. Im
Falle von InterfaceFLOR meint das die Herstellung eines modu-
laren textilen Bodenbelags mit hervorragenden Eigenschaften,
einem sehr guten Nachhaltigkeitsindex und hoher Attraktivität.
Manche Ideen finden in dieser Phase ein schnelles Ende.

Um die Umsetzbarkeit einer Idee zu überprüfen, ist eine enge
Zusammenarbeit mit der Produktion, der Qualitätsprüfung und
der Entwicklungsabteilung nötig. Das gilt nicht nur für das eigene
Werk, sondern auch für Lieferanten und Dienstleister. So finden
z. B. regelmäßige Meetings der Designer mit Garnherstellern,
Färbereien und Teppichtuftern statt.

ELISABETH ARNDT
Textildesignerin und Leiterin der Abteilung Design & Development
bei InterfaceFLOR in Krefeld berichtet über kreative Prozesse
und deren Grenzen im Rahmen der Produktentwicklung.

In regelmäßigen Meetings des internationalen Designer-Teams mit Vertretern von Marketing und „Field Design" aus ganz Europa wird – über die reine Machbarkeit eines Produkts hinaus – überprüft, ob die Ideen der Produktentwicklung aktuellen Markt- und Zielgruppenanforderungen gerecht werden. Inbesondere die „Field Designer" von InterfaceFLOR, die in engem Kontakt zur Architektur- und Designszene kundenspezifische Sonderlösungen kreieren, sind bei diesem Schritt sehr hilfreich. Sie haben nicht nur einen guten Überblick über Marktströmungen und Trends, sondern können auch, wenn nötig, ein direktes Feedback der Zielgruppen einholen.

Vom Muster zur Serienproduktion
Vom ersten kleinen Muster bis zum fertigen Produkt ist es auch nach positivem Beschluss in den vorangegangenen Meetings noch ein langer Weg: Mehrere Stufen der Überprüfung sind nötig, bis das Produkt marktreif ist.

In einem „Industrial Run", d. h. Produktion einer Kleinstmenge auf einer regulären Maschine (keine Mustermaschine), werden drei Farben des neuen Materials produziert und durch alle nötigen Produktionsschritte geführt. Dies beinhaltet intensive Tests im hauseigenen Labor hinsichtlich Strapazierfähigkeit, Brandverhalten und Dimensionsstabilität sowie die optische Qualitätssicherung. Wie gut ist der Nahtschluss? Ist die Flächenwirkung insgesamt zufriedenstellend?

Erweist sich das neue Material als ästhetisch und technisch umsetzbar, wird dann mit der Entwicklung der Kollektionsfarben begonnen. Hier spielt Design wieder die entscheidende Rolle: Die Farben der neuen Kollektion werden passend zu Haptik und Anmutung des neuen Produkts ausgewählt und zu einer in sich stimmigen Farbpalette zusammengestellt.
Ist die neue Kollektion fertig, wird sie durch ein sogenanntes Sign-off-Verfahren von allen relevanten Abteilungen zum Verkauf freigegeben. Zu diesem Zeitpunkt beschäftigen sich die Produktdesigner schon längst wieder mit neuen Materialien und Ideen!

Elisabeth Arndt

TANJA KÜNSTLER
Regional Marketing Director in Krefeld, berichtet über die
Erfahrungen eines internationalen Herstellers auf dem
deutschen Bodenmarkt.

Europäische Unterschiede

Der europäische Bodenmarkt ist – ganz anders als z. B. der
amerikanische Markt – so bunt und vielfältig wie Europa selbst.
Für internationale Anbieter ist das eine besondere Herausforderung und Chance zugleich. Kulturelle, historische, aber auch
klimatische Unterschiede sorgen dafür, dass in unterschiedlichen
Regionen Europas das Thema Boden völlig anders verstanden
wird. Nord- und Südeuropa sind klassische „Hartbelagsregi-
onen", wobei im Süden vor allem Stein- und Keramikbeläge zum
Einsatz kommen, während im Norden das dort allgegenwär-
tige Baumaterial Holz vorherrscht. In Mitteleuropa sind textile
Bodenbeläge etabliert und beliebt. Aber auch hier sind die
Unterschiede noch nicht zu Ende: Während man sich in England,
Frankreich und Holland ganz selbstverständlich für eine Tep-
pichfliese als textilen Bodenbelag entscheidet, fällt die Wahl in
Deutschland in 90 % der Fälle auf eine klassische Bahnenware.

Internationale Hersteller stehen bei der Vermarktung ihrer Produkte vor der Herausforderung, die Balance zwischen Corporate
Branding und der Berücksichtigung lokaler Marktbegebenheiten
zu finden. Die Kunst ist es, eine Symbiose zu schaffen, die allen
Märkten gerecht wird. Während ein starkes Corporate Branding
für den Wiedererkennungswert wichtig ist, fangen die Probleme
bei einer gemeinsamen Bilderwelt z. B. für einen einheitlichen
europäischen Produktkatalog an. Engländer lieben großflächige
Muster, holländische Gestalter mögen es bunt und experimentell,
deutsche und skandinavische Architekten fühlen sich dagegen
mit einem zurückhaltenden Boden wohl – gern in Grau oder
Schwarz. Das klingt zwar nach Klischee, ist aber mehrheitlich
noch Realität. Allerdings lässt sich auch hierzulande ein Trend
zu mehr Farbe, Struktur oder Muster ausmachen.

Veränderte Marktbedingungen

Nationale Anbieter haben es in puncto zielgruppengerechtes
Marketing zwar deutlich einfacher, sehen sich allerdings der
Herausforderung einer globalisierten (Bau-)Welt gegenüber. Die
Internationalisierung von Großprojekten ist aber lediglich ein
Phänomen für einen sich im Wandel befindenden Objektmarkt.
Bereits in den letzten Jahren hat sich das Projektgeschäft
stark verändert: Große Bauvorhaben sind deutlich komplexer
geworden. Neue Projektbeteiligte wie z. B. Beratungsfirmen,
Green-Building-Experten usw. haben die Kommunikations- und
Entscheidungsstrukturen beeinflusst und die Rolle des Archi-
tekten verändert. Auch gesellschaftliche Megatrends haben ihren
Einfluss auf den Bodenmarkt genommen: Die demografische
Entwicklung wird das Segment Health Care mit Pflegeeinrich-
tungen und betreutem Wohnen stärker in den Fokus rücken.
Nachhaltigkeit ist ein Thema, welches aus keiner Branche mehr
wegzudenken ist, und sogenannte „weiche" Faktoren wie z. B.
Akustik, Luftqualität und Wohlbefinden der Nutzer spielen eine
immer größere Rolle in der Bewertung von Gebäuden.
Auf dem deutschen Markt ist außerdem zu beobachten, dass
der Trend zum Open Office endgültig angekommen ist. Während
diese Büroform im englischsprachigen Raum bereits seit Langem

etabliert ist, hat man in Deutschland einige Zeit am Konzept der Zellenbüros festgehalten. Für den Boden bedeutet dies eine erhöhte Anforderung an Flexibilität und Reversibilität, um sich den laufenden Veränderungen im Betrieb anpassen zu können.

Wie reagiert das Unternehmen InterfaceFLOR darauf?
Die veränderten Marktbedingungen spiegeln sich auch in der Vertriebs- und Marketingstrategie wider. Während noch vor zehn Jahren die Hauptzielgruppe des Unternehmens der verlegende Handwerker bzw. der Endkunde war, gibt es heute in der Vertriebsmannschaft Spezialisten für Architekten und Designer sowie Nachhaltigkeits- und Akustikexperten. Jede Zielgruppe erfordert

eine andere Ansprache und die Wahl unterschiedlicher Kanäle. Während die Kommunikation mit Handwerkern nach wie vor eher klassisch geführt wird (Mailing per Post, gedruckte Fachpresse), ist die Zielgruppe der Architekten neuen Medien gegenüber sehr aufgeschlossen. Einschlägige Internet-Portale werden rege zur Recherche sowie zum Informationsaustausch genutzt, und soziale Netzwerke gewinnen an Bedeutung.

Gesamtheitliche Beratung
Bei der Wahl eines Bodenbelags ist der Blick längst nicht mehr nur auf den Boden gerichtet. Inwiefern leistet der Teppich einen Beitrag zu einer angestrebten Green-Building-Zertifizierung?

Was geschieht mit der Ware nach Ablauf des natürlichen Lebenszyklus? Und wie passt die Material- und Farbwahl zum Gesamtkonzept? Das alles sind Fragen, die in der Beratung eine Rolle spielen. Der Boden muss gesamtheitlich betrachtet werden, und Hersteller haben langfristig nur eine Chance, wenn sie das berücksichtigen und mehr anzubieten haben, als lediglich neue Farben und Muster.

InterfaceFLOR bietet deshalb eine Reihe von innovativen Serviceangeboten an, die den Hersteller zum vielseitigen „Problemlöser" machen: Es gibt beispielsweise ein Programm, bei dem ein Rücknahmeservice angeboten wird und gebrauchte Teppichfliesen gründlich gereinigt und für gemeinnützige Zwecke wiederverwertet oder recycelt werden – ein Verfahren, von dem nicht nur die Gesellschaft, sondern auch die Umwelt profitiert. Ein weiteres interessantes Programm bietet dem Kunden die Möglichkeit, CO_2-neutrale Produkte zu erwerben. Sämtliche Treibhausgase, die während des gesamten Lebenszyklus einer Teppichfliese anfallen, werden hierbei durch Ausgleichsmaßnahmen kompensiert. Eine weitere Maßnahme ist ein Verlegsystem ohne die Verwendung von flüssigen Klebstoffen.

Der Green-Building-Dschungel und EPDs

Insbesondere im Bereich des Nachhaltigen Bauens sind viele Beteiligte verunsichert, welche Labels und Zertifikate relevant sind und worauf es wirklich ankommt. Um seine Kunden in Green-Building-Projekten zu unterstützen, bietet unser Unternehmen eine Beratung durch eigene Experten an (z. B. akkreditierte LEED-Berater) und hat eine EPD (Environmental Product Declaration) für Teppichfliesen auf den Markt gebracht. EPDs enthalten von unabhängigen Dritten verifizierte Informationen über Zusammensetzungen, Inhaltsstoffe und den ökologischen Fußabdruck eines Baustoffs. Ein direkter Vergleich hinsichtlich der Umwelteigenschaften wie z. B. Recyclinganteile der Produkte unterschiedlicher Hersteller wird damit europaweit möglich gemacht. Für Hersteller bedeutet die Veröffentlichung einer EPD – und somit die Entscheidung zu größtmöglicher Produkttransparenz –, dass Daten und Fakten der Öffentlichkeit zugänglich gemacht werden, die bislang streng vertraulich behandelt wurden. Dies erfordert Mut und eine intensive, kritische Auseinandersetzung mit den eigenen Produktionsprozessen. Im Sinne eines glaubwürdigen Umgangs mit Ressourcen und dem Streben nach ehrlicher Nachhaltigkeit ist dieser Schritt jedoch unerlässlich.
In allen Bereichen der Markenidentität wie Design, Nachhaltigkeit und Innovation sind wir unermüdlich bestrebt, neue Wege zu beschreiten und dabei transparent und glaubwürdig zu agieren. Das wird nicht nur von Kunden geschätzt, sondern auch von den eigenen Mitarbeitern. Corporate Social Responsibility fängt immer im eigenen Haus an. Mitarbeiter werden durch Weiterbildungsprogramme individuell gefördert. Das unterstützt eine starke Unternehmenskultur als Basis für den Unternehmenserfolg.

Tanja Künstler

Handwerk ist die Vollendung eines geplanten, gezeichneten und industriell gefertigten Produkts zu einem Ganzen. Das Handwerk schließt den Kreis zwischen Nutzern, Planern, Gestaltern und Industrie.
Vorgefertigte Produkte und Materialien mit definierter Qualität werden von Hand im Raum vollendet, in Form gegeben und zur Gesamtheit fertig erstellt.

In der Praxis spaltet sich unser Tun in reines Ausführungshandwerk, d. h. es werden vordefinierte Aufgaben und Qualitäten umgesetzt mit zum Teil maschinell gefertigten Massenprodukten. Ein Teil der Abläufe ist wiederkehrend, es entsteht ein „industrialisiertes Handwerk".

Das eigentliche Handwerk zeichnet sich durch Kompetenz und komplexe Aufgaben aus, nicht nur durch Erstellung und Vollendung im Ganzen. Es ist zugleich ein Handwerk mit Aufgaben in Form von Planung und Gestaltung. Ein Handwerker ist heute mehr als ein Mensch, der in Handarbeit aus einem Stück Holz ein Parkett erstellt und verbaut. Handwerker zu sein bedeutet heute gleichwohl eine Persönlichkeit zu sein, fähig zum Umdenken, im Umgang mit High-Tech und in der Bewahrung der traditionellen Werte, mit einer Ausbildung als Kaufmann und mit Führungsqualitäten ausgestattet.

Der Mensch im Mittelpunkt ist die Basis für ein gutes Handwerk, der Handwerker steht im Dialog zwischen Planer, Hersteller und Kunde. Dialog ist die Grundlage für das Gelingen aller Arbeit und zum Erreichen einer definierten Qualität. Bei Bodenbelägen sind durch Hersteller Produkte genau mit ihren jeweiligen Eigenschaften definiert, Anforderungen und Normen sind klar ausgearbeitet und geprüft. Produkte sind in ihrem Aussehen beschrieben, mit Mustern belegt und zum großen Teil reproduzierbar. Einschränkungen gibt es nur bedingt bei unterschiedlichen Anfertigungschargen und Naturprodukten wie z. B. Holz.
Ein Produkt ist somit in seiner Produktqualität definiert, nicht aber in der Qualität nach der Ausführung. Hier spielen nicht nur technische Anforderungen und Normen eine Rolle, sondern auch die emotionale Reaktion der Menschen. Diese Qualität ist nicht definiert, in keiner Norm zu finden und doch ausschlaggebend für das Gelingen und den Erfolg der Planung, Herstellung und Umsetzung. Wieder steht der Mensch im Mittelpunkt.
Was nützt ein perfekt erschaffener Raum, in dem alle Qualitätsrichtlinien in Norm und DIN erfüllt sind, jedoch die Wünsche der Menschen außer Acht gelassen wurden?
Der Dialog – das Zuhören und Verstehen – ist der Schlüssel zum Erfolg. Nicht nur für jeden selbst, sondern im Zusammenspiel von Planer, Hersteller und Handwerker. Ein fugenlos geplanter und erstellter Bodenbelag weist Anschlussfugen oder gar Dehnfugen auf. Sind diese Fugen ein Widerspruch für den so genannten „fugenlosen Boden" oder nur eine technische Gegebenheit, welche eine größere zusammenhängende Fläche nicht zulässt, oder nur eine optische Betrachtungsweise? In diesem Beispiel zeigt sich schnell der unterschiedliche Ansatz einer Beurteilung.

ANDREAS MILLER
Staatlich geprüfter Gestalter, Maler und Lackierermeister
Inhaber eines Malerbetriebs, mit Spezialisierung auf individuelle Bodenbeläge

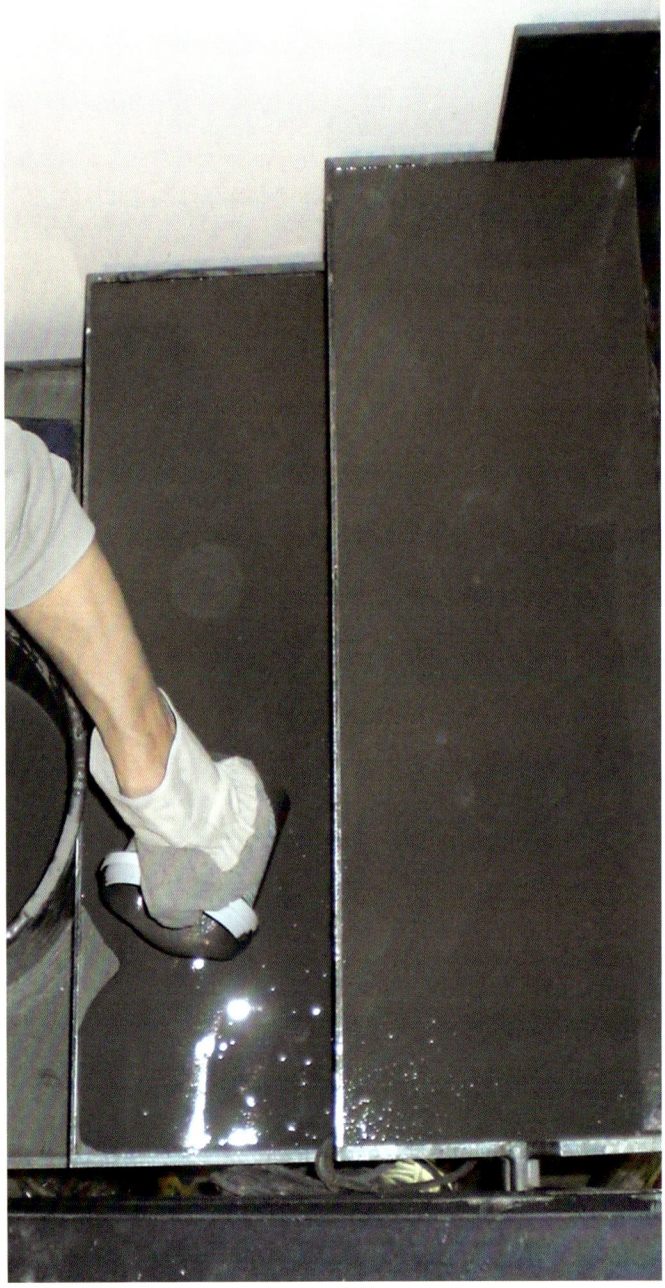

Eine Verständigung kann nur im Dialog erarbeitet werden und immer nur am jeweiligen Objekt. Nicht ausreichend sind Angaben wie „Dehnfugen müssen übernommen werden", daraus entsteht kein Dialog, es führt nicht zum Verständnis aller. Ein perfekt ausgeführter fugenloser Bodenbelag mit diesen Beeinträchtigungen kann den Misserfolg der handwerklichen Leistung darstellen, auch wenn in erster Linie aus technischer Sicht alles in Ordnung ist. Handwerker sind heute mehr denn je gefordert, über ihren Tellerrand zu sehen, weiter zu blicken als nur auf die reine Ausführung und Umsetzung. Das ist die Grundlage der Qualitätsdefinition handwerklicher Arbeit.

Wie wird die Qualität eines Bodenbelags definiert?
In erster Linie über das Produkt selbst. Technische Angaben und Prüfungen beschreiben die Nutzungseigenschaften. Ökologie und Nachhaltigkeit sind geprüft und mit Siegel bestätigt. Herstellerangaben zur Verarbeitung sind in technischen Merkblättern und Verarbeitungsrichtlinien festgehalten, Reinigungs- und Pflegeanleitungen liegen bei. Handwerksleistungen und Ausführungen sind ebenfalls in Normen festgeschrieben wie z. B. Ebenheitstoleranzen. Alle technischen Grundlagen und Angaben sind erfüllt. Nicht erfüllt sind Erkenntnisse, die nur im Dialog und in Bezug zum Objekt entstehen. Nahtausbildung bei Teppichböden oder Farbveränderungen bei wechselnden Lichtverhältnissen von Tageslicht auf LED-Licht sind nur einige Beispiele, die in der Praxis vorkommen und bei jedem Objekt eine andere Grundlage darstellen. Freilich können Handwerker behaupten, dies ist die Leistung, welche Planer und Hersteller zu erfüllen haben. Hersteller können hingegen nicht auf die örtlichen Gegebenheiten eingehen, Planer nur bedingt in handwerkliche Umsetzung und Kompetenz eingreifen. Hier muss ein Zusammenspiel von Planer, Industrie, Handwerker und Kunde entstehen, nur so kann eine Qualitätsdefinition erörtert werden, welche von allen gleichsam definiert und erachtet wird. Fehler in nicht ausgesprochener Kommunikation werden im Dialog minimiert und tragen zur Erhöhung der gesamten Qualität bei. Hintergrundwissen aller Beteiligten in Bezug auf Material, Gebäude, Wünsche, Ängste und Erfahrungen wird ausgesprochen. Es entsteht die Vollendung eines geplanten, gezeichneten und industriell gefertigten Produkts zu einem Ganzen.

Nicht erfüllt und in keiner Norm festgehalten ist die soziale Kompetenz. Diese wird heute von einem guten Handwerker gleichsam erwartet wie eine handwerklich gute Arbeit und Umsetzung. Erneut steht der Mensch im Mittelpunkt bei der Findung einer definierten Qualität. Gute Umgangsformen, ein „Lachen". Auch dies sind unabdingbare Werte im Handwerk für die Erstellung und Schaffung von Neuem. Diese soziale Kompetenz ist die zweite Säule neben allem handwerklichen Schaffen, welche immer mehr an Bedeutung erlangt und gleichsam ausschlaggebend ist für Erfolg und Misserfolg. Qualität kann nur definiert werden, wenn alle Komponenten im Gleichgewicht sind.

Andreas Miller

PROJEKTE   08.00

Natur trifft Design

Mit einer breiten Palette an hochwertigen Holz- und Laminatdielen legt Kaindl den Boden in die Zukunft.

Naturnähe und Authentizität sind seit jeher die Markenzeichen von Kaindl Laminatfußböden. Die Synchronstruktur „Natural Touch" überzeugt dabei buchstäblich bis in die Zehenspitzen: Die Oberflächen fühlen sich genau so an, wie sie aussehen – absolut natürlich. Eines der Natural-Touch-Highlights ist eine 244 mm breite Langdiele, deren Format in Kombination mit der seitlichen Fase einen Endloseffekt erzeugt.

„Classic Touch"-Laminatböden zeigen ihre optischen und haptischen Qualitäten mit einer großen Vielfalt an verschiedenen Dekoren, Formaten und Oberflächen. Eine besondere Technologie steht hinter dem Namen „Soft Touch": Bei diesen Laminatdielen wird die Trägerplatte direkt koloriert. Das matte oder hochglänzende Oberflächenfinish präsentiert sich dabei nicht nur fußwarm, sondern auch äußerst stoß- und kratzfest.

Auch im Segment Holzfußböden gilt Kaindl als Vorreiter und Trendsetter. Unter dem Namen „Classic" laufen in der Kaindl Floor Factory in Salzburg hochwertige Holzdielen übers Band. Besondere Kennzeichen: belastbarer als Parkett und ressourcenschonend vom Rohstoff bis zum Fertigprodukt.

Eine Besonderheit in Sachen Holzboden liefert Kaindl unter der Bezeichnung „Exotic": Ein patentiertes Herstellungsverfahren macht es möglich, Holzdielen mit den Bildern wertvoller exotischer Hölzer zu kolorieren und damit nachhaltig Ressourcen zu schonen. Bei „Authentic Oak" dienen Eichendielen als Basis für diese Methode. Die gebürsteten und extrem langlebigen Holzoberflächen behalten dabei ihre originalen Poren und bleichen auch bei Sonneneinstrahlung nicht aus.

Kaindl Böden können aber noch mehr. Ein patentiertes Wandsystem bringt ihre Qualitäten in die Vertikale: Mit Kaindl FloorUp lassen sich alle Kaindl Laminat- und Holzfußbodendielen ganz einfach an jede Wand montieren. Ideal zur Neugestaltung und Dekoration oder als Wandverkleidung.

Kaindl Flooring
Kaindlstraße 2
A-5071 Wals/Salzburg
Tel.: +43 662 85880
Fax: +43 662 851331
sales@kaindl.com
www.kaindl.com

Anspruch in jedem Stück

Holz ist ein Baustoff der Natur. Er füllt Wohn- und Arbeitsräume mit Wärme, einem Gefühl der Geborgenheit und schafft ein natürliches und zeitloses Lebensumfeld. Die Oberfläche der Holzfliese in ihrer natürlichen Struktur, Farbe und Haptik sorgt für Behaglichkeit, Eleganz und exklusive Schönheit.

Die pardec Holzfliesen bestehen aus gleichmäßigen Mosaiken, die durch eine dezente Fuge getrennt auf ein Glasfasernetz geklebt und in 12 Holzsorten erhältlich sind. Individuellen Bedürfnissen für Form und Verwendung an Wand, Boden, Decke und Leichtbau sind keine Grenzen gesetzt. Schnell und einfach passt sie sich den räumlichen Gegebenheiten an. Geschulte Verleger, speziell entwickelte Kleber sowie Fugenmasse garantieren eine anspruchsvolle Verarbeitung.

Das besondere Etwas für alle, die Wert auf eine natürliche Raumgestaltung, hochwertiges Design und nachhaltige Rohstoffverarbeitung legen.

pardec GmbH
Genthiner Straße 22
D-39317 Ferchland
Tel.: +49 39349 94599 0
Fax: +49 39349 94599 30
kontakt@pardec.de
www.pardec.de

Seit über 45 Jahren liefert Amtico fantastische Bodenbeläge für den Objekt- und für den Wohnbereich. Mit einem fundierten Verständnis für die Herausforderungen, mit denen Architekten und Planer konfrontiert sind, bietet Amtico ein Serviceniveau, das viele Kunden zur ersten Wahl erklären. Das ist noch nicht alles: In Sachen Optik und Leistung, Haltbarkeit und Pflegeleichtigkeit sind Bodenbeläge von Amtico wirklich einzigartig.

Die Amtico-Kollektion mit über 200 verschiedenen Dessins umfasst neben einer Vielzahl von Naturreproduktionen wie Metall, Holz, Stein, Terrazzo oder Marmor auch innovative und fantasievolle Designs. Diese bieten außergewöhnliche Farben, dreidimensionale Optiken und andere Spezialeffekte.

Ein besonderes Extra sind individuelle Kundenanfertigungen: Dank modernster Produktions- und Schneideanlagen können individuelle Kundenwünsche, Farben und Designvorgaben, wie die Einbindung komplizierter Logos oder Muster, realisiert werden.

Amtico International GmbH
Im Taubental 11
D-41468 Neuss
Tel.: +49 2131 359160
Fax: +49 2131 3591650
info@amtico.de
www.amtico.com

Praktisch, sinnlich und ökologisch

Jeden Tag erleben Menschen auf der ganzen Welt Bodenbeläge von Tarkett in unterschiedlichen Räumen: im eigenen Zuhause, in der Schule, im Kindergarten, Büro, Krankenhaus, Alten- und Pflegeheim sowie in Sportstätten. Das Tarkett Produktprogramm umfasst designorientierte und strapazierfähige Bodenbeläge für nahezu alle Anwendungen: homogene und heterogene Objektbeläge, Linoleum, LVT-Beläge, Vinyl-, Laminat- und Holzfußböden, aber auch Kunstrasen und andere Sportbeläge sind konzernweit vertreten. 2009 hat die Tarkett Gruppe 347 Millionen

Quadratmeter abgesetzt, das entspricht einem täglichen Volumen von fast 1 Million Quadratmeter.

Im Mittelpunkt der Tarkett Philosophie stehen der Kunde und seine individuellen Bedürfnisse. Jede Anforderung an einen Fußboden ist anders und unterscheidet sich im Hinblick auf Untergrund, Art der Nutzung, Design und Geschmack, Gesundheits- und Sicherheitsvorschriften, Neubau- oder Renovierungsprojekte und die Kosten. Tarkett Bodenbeläge stehen im Zeichen eines klaren Konzepts: Die Tarkett Produktentwickler sind der festen Überzeugung, dass moderne Bodenlösungen auf aktive Weise dazu beitragen, die Lebensqualität der Menschen zu verbessern – ganz gleich, ob bei der Gestaltung privater Wohnbereiche oder in professionellen Objektnutzungen:

- Bodenbeläge sollten praktisch sein in puncto Reinigung und Pflege und ihren technischen Eigenschaften.
- Sie sollten mit allen Sinnen erlebt werden können und den Betrachter mit ihren Farben, Strukturen und Oberflächen begeistern.
- Sie sollten ökologisch sein, also für das Wohlbefinden der Menschen sorgen, die auf ihnen leben und gleichzeitig die Umwelt schützen.

Die Missionsärztliche Klinik in Würzburg ist von der Weltgesundheitsorganisation WHO und dem Kinderhilfswerk UNICEF als besonders babyfreundlich ausgezeichnet worden. Neben der hervorragenden medizinischen Betreuung ist man in Würzburg auch darum bemüht, ein

kinder- und jugendfreundliches Umfeld zu schaffen, das die Genesung fördert.

Der Neubau der 65-Betten-Kinderklinik am Mönchberg erhielt daher nicht nur eine moderne technische Ausstattung, sondern auch ein zeitgemäßes Interieur. Zur gewollt farbenfrohen und ausdrucksstarken Gestaltung tragen 2.500 Quadratmeter homogener PVC-Belag „iQ Optima" von Tarkett bei. Der werksseitig mit „IQ PUR"-Vergütung ausgerüstete Fußboden ist im Gesundheitswesen weltweit bewährt.

„iQ Optima" zeichnet sich durch seine hohe Verschleißfestigkeit, die erheblich vereinfachte Reinigung und insbesondere im Gesundheitswesen durch sein hohes Maß an

Beständigkeit gegenüber Chemikalien im Allgemeinen und Hand-/Flächendesinfektionsmitteln im Besonderen aus. Tarkett „iQ Optima" benötigt über die gesamte Nutzungsdauer keine Einpflege/Beschichtung, gewöhnliche Nutzungsspuren lassen sich dank der Renovierbarkeit der Oberfläche wirkungsvoll durch trockenes Highspeed-Polieren beseitigen. „IQ Optima" wurde in der Würzburger Kinderklinik in sieben verschiedenen Farben, teils mit Intarsienarbeiten, eingesetzt. Für den planenden Architekten war das breite Farbspektrum und die optische Tiefenwirkung ein entscheidendes Kriterium.

Objektdaten: Kinderklinik der Missionsärztlichen Klinik, Würzburg
Bodenbelag: Tarkett iQ Optima, homogener PVC-Belag
Umfang: 2.500 m²
Architekt: Architekturbüro Kosel, Würzburg
Verlegebetrieb: Veh GmbH – Ideen rund ums Wohnen, Markt Nordheim
Ausführung: 2009

Tarkett Holding GmbH
Nachtweideweg 1–7
D-67227 Frankenthal
Tel.: +49 6233 81 0
Fax: +49 6233 81 1010
info.de@tarkett.com
www.tarkett.de

Designbodenbeläge von PROJECT FLOORS überzeugen Kreative und Entscheider in vielerlei Hinsicht. Mit der authentischen Nachbildung von Holz- oder Steinoptiken sowie einer stets perfekt angepassten Oberflächenprägung sind sie kaum von ihren natürlichen Vorbildern zu unterscheiden. Die hohe Strapazierfähigkeit und die leichte und hygienische Reinigung ermöglichen den Einsatz sowohl im privaten Wohnbereich als auch im gewerblichen Objekt – von der Arztpraxis und der Pflegeeinrichtung über das Büro, Hotel oder Restaurant bis hin zum stark frequentierten Einzelhandel.

Die drei Kollektionen PREMIUM, MEDIUM und LIGHT mit zahlreichen Artikeln und unterschiedlichen Nutzschichtstärken bieten nicht nur eine wirtschaftliche Auswahl für das optimale Preis-/Leistungsverhältnis je nach Beanspruchung, sondern erlauben durch Dekorkombinationen, Intarsien oder Logoeinarbeitungen auch eine individuelle und einzigartige Bodengestaltung. Ein unendlicher Baukasten, der aus Bodenbelägen Designbodenbeläge macht.

PROJECT FLOORS GmbH
Kalscheurener Straße 19
D-50354 Hürth
Tel.: +49 2233 9687 0
Fax: +49 2233 9687 10
info@project-floors.com
www.project-floors.com

Naturofloor GmbH
Karlihofstrasse 7
CH-7208 Malans
Tel.: +41 81 330 60 14
Fax: +41 81 330 60 19
info@Naturofloor.ch
www.naturofloor.ch

Mineralische Bodenbeläge / Naturofloor®

Die Eigenschaft „fugenlos" wird in der Planung von Boden und Wandbelägen heute als „Muss" geordnet und ist hochaktuell. Interessenten dieser Bauart sind sich der Vorteile und angenehmen Charaktere bewusst. Sie entscheiden sich aus verschiedenen Gründen für Naturofloor: Sie sind im Trend, haben einen einmaligen von Hand geschaffenen Belag und werden Freude am Unikat zeigen.

Naturofloor® wird seit 20 Jahren in der Schweiz hergestellt und wird in ganz Europa eingesetzt, das Grundmaterial ist eine Weißzementbasis, die in vielen Farbtönen eingefärbt werden kann. Die Masse wird aufgespachtelt in einer Stärke von 3 bis 4 mm aufgespachtelt.

Der Wohnbereich kann durch die verschiedenen Farbmöglichkeiten und / oder Dekorationselemente mit eigenen Ideen gestaltet werden. Die Echt-Pigmentfarben kann der Bauherr selbst oder mit Beratung auswählen.

Die Verarbeitung des Materials macht das Produkt zu einem pflegeleichten und rissfreien Boden- oder Wandbelag. Der Fachmann gibt dem Produkt seine eigene Note, da es von ihm manuell ausgeführt wird. Jede Arbeit ist Kreativität durch Struktur und Farbe.
Ein revolutionäres Konzept eröffnet kreative Freiheiten – exklusive, attraktive Wand- und Bodenbeläge können individuell gestaltet werden. Die Dekorationselemente bieten individuelle innen- und außenarchitektonische Gestaltungsmöglichkeiten, beispielsweise für Wände und Böden in Badzimmern, Duschen, Wohnbereichen, Treppenhäusern, Korridoren und Wintergärten bis hin zur exklusiven Gestaltung von Fitness- und Sauna-Landschaften. Durch die atmungsaktive Fähigkeit ist Naturofloor auch als Zementputz innen wie außen anzuwenden.
Das Produkt eignet sich auch bei Fußbodenheizung. Die Temperatur eines Naturofloor®-Bodens wirkt sehr angenehm und ist niemals so kühl wie herkömmliche Fliesen. Alte Fliesen können direkt überarbeitet werden.

Wir suchen engagierte, selbstständige Firmen, die unsere Naturofloor®-Produkte vertreiben möchten. Interessiert Sie dieser Zukunftsmarkt? Dann melden Sie sich.

Die Hinke Wohnimpulse GmbH, das größte Team7-Spezialstudio Wiens, wurde mit dem neuen Sichtbeton-Bodenbelag „pure" ausgestattet.

Der Wärmedämmboden „pure" bietet auch Vorteile bei der Trittschalldämmung (- 23 dB), beim Raumklang sowie beim Brandschutz (Bfl-s1) und der Rutschfestigkeit (R 10).

Puristisches Beton-Design mit hohem Nutzwert

Schwimmend verlegter Sichtbetonboden „pure" im Spezialstudio Team7, Wien

Mit der Neuheit „pure" gibt es erstmals einen Sichtbetonboden für die schnelle Installation. Die Bodenelemente bestehen aus einem umweltfreundlichen Trägermaterial sowie einer mineralischen Nutzschicht, die haptisch und optisch von Beton nicht unterscheidbar ist und eine objekttaugliche, strapazierfähige Oberfläche hat.

„pure" ist überall dort einsetzbar, wo eine kraftschlüssige Verbindung des Belags mit dem Untergrund unerwünscht ist. Durch wärmedämmende und schallreduzierende Eigenschaften ist der Boden im Objekt- und Wohnungsbau ideal. Basis für das Multi Layer Floor-Produkt ist eine wasserresistente und unverrottbare 15-mm-UniProtect-Trägerplatte, die zu 100 Prozent aus Recycling-Material besteht und sich durch den Quellwert unter 1 Prozent auch für die Verlegung im Feuchtbereich eignet. Die 1-mm-Beton-Nutz-

schicht ist eine hoch abriebfeste Beschichtungsmasse auf Basis einer Polymerdispersion mit mineralischem, natürlichem Marmormehl. „pure" ist in Hellgrau und Dunkelgrau erhältlich, der Gesamtaufbau beträgt 17,5 mm.

Witex Flooring Products GmbH
Nord-West-Ring 21
D-32832 Augustdorf
Tel.: +49 5237 609 365
Fax:+49 5237 609 180
pr@witex.com
www.witex.com

casamood-nera unglasiertes Feinsteinzeug

12 mm stark, mit Lavaoptik

Kein anderer Naturstein birgt so stark die Symbolik einer Urkraft der Erde in sich wie das Lavagestein. „Nera" nimmt das Wesen des Lavasteins auf, um sich in ein wertvolles Material mit zeitloser Ästhetik zu verwandeln: eine Oberfläche, die die Ursprünglichkeit der Lava wiedergibt und damit ein klares, schlichtes Design kommuniziert.

„Nera" entsteht als ein der Architektur gewidmetes Projekt, das dank der interessanten Formate und Farben völlig neue Gestaltungsmöglichkeiten sowohl für Innen- als auch für Außenbereiche bietet: 120 x 120 cm, 60 x 120 cm, 30 x 120 cm, 60 x 60 cm sind die Grundformate, die durch Mosaike, Riemchen und Trapezformate ergänzt werden. Die Farbpalette umfasst: white – cool grey – warm grey – brown – black.
Die vielseitigen Kombinationen von Farben, Formaten und Oberflächen ermöglichen Farb- und Formspiele, die ansprechende Asymmetrien und neuartige Szenen schaffen. Zwei Oberflächenstrukturen können, je nach vorliegender Anforderung, zusammen oder getrennt eingesetzt werden. Geeignet für den Einsatz in Wohn- und Geschäftsräumen sowie in Außen- und Dauernassbereichen, erfüllt „Nera" perfekt die technischen sowie ästhetischen Bedürfnisse der Architektur und des Designs.

Casa dolce casa SpA
Via Viazza II Tronco, 45
I-41042 Fiorano Modenese (MO)
Tel.: + 39 0536 841011
Fax: + 39 0536 841001
customercare@casadolcecasa.com
www.casadolcecasa.com

VIA Terrazzoplatten – ein Bodenklassiker

Traditionell werden VIA Terrazzoplatten aus Kalkstein-splitt, Farbpigmenten und Zement gefertigt, diese Mi-schung wird mit hohem Druck gepresst und erhält ihre typische Körnung durch anschließendes Schleifen. Die Platten werden im 20 x 20-cm-Format in vier typischen Terrazzofarben – Weiß, Rot, Grau und Schwarz – herge-stellt.

Ihre volle Wirkung können Terrazzoplatten entfalten, wenn sie traditionell verlegt werden, also mit einer möglichst kleinen Fuge. Dadurch wird das Muster nicht durch ein störendes Fugenraster unterbrochen.

Die einzelnen Plattendesigns lassen sich nicht nur zu verschiedenen Mustern legen, sondern sind auch unter-einander kombinierbar.

Neben der lebendigen Optik sind Terrazzoböden vor allem wegen ihre Robustheit beliebt – schon deshalb werden sie häufig in Fluren, Bädern, Wirtschaftsräumen und Küchen verlegt.

VIA GmbH
Schiefermahlwerk
D-56349 Kaub am Rhein
Tel.: +49 6774 91 81 88 0
Fax: +49 6774 91 81 88 20
mail@viaplatten.de
www.viaplatten.de

VIA Zementmosaikplatten – Ornamente für den Boden

Eine Besonderheit bei der Fertigung von zementärgebundenen Platten stellen die Zementmosaikplatten dar; hierbei wird statt des gröberen Kalksteinsplitts feines Marmormehl verwendet, dadurch lassen sich Platten mit filigranen Ornamenten herstellen.

Seit dem Anfang vor mehr als 150 Jahren wurde über immer schönere und raffiniertere Gestaltungsornamente nachgedacht. Man findet auch heute noch Zementmosaikplatten in alten Villen, Kirchen und in vielen Treppenhäusern – diese Tradition führt VIA fort.

Viele VIA Zementmosaikplatten sind in Muster, Farbe und Format nach historischen Vorlagen gefertigt, und das Sortiment erweitert sich ständig.

Mit Zementmosaikplatten werden durch die edel-changierenden Farben und die prächtigen Muster außergewöhnliche Räume geschaffen.

Das Besondere an Zementmosaikplatten: sie vereinen die besten Eigenschaften von Marmor und Zement, gepaart mit Ornamentik und Farbigkeit.

Einsetzen lassen sich Zementmosaikplatten im Altbau, aber auch im klassischen Neubau tragen sie mit ihrer besonderen Haptik zu einem wohnlichen Ambiente bei.

Bei der Gestaltung von Wohn- und Arbeitsräumen oder Küchen, Bädern oder auch Außenbereichen spielt der richtige Boden mehr und mehr eine herausragende Rolle. Dabei stehen nicht nur die Farben im Vordergrund, sondern in zunehmendem Maße das Design und Format der Bodenfliesen. Mit der Auswahl der richtigen Fliese kann man die Wertigkeit der gesamten Einrichtung und Gestaltung dezent hervorheben und unterstreichen.

Die Produkte der MANUFAKTUR 78 geben den maximalen stilistischen Freiraum bei der Gestaltung ganzer Räume oder einzelner Wände oder Wandteile und bieten gleichzeitig den großen Vorteil extremer Beanspruchbarkeit und Pflegeleichtigkeit.

Die MANUFAKTUR 78 bietet Wand- und Bodenfliesen in einer außergewöhnlich großen Vielfalt von Designs, Farben,

Oberflächen und Formaten an. Die Kombination aus den verschiedenen Möglichkeiten ergibt das angenehme Gefühl von sich Wohlfühlen. Schon mit dem ersten Schritt in einen Raum schafft der Boden Atmosphäre, lässt ein angenehmes Raumgefühl oder eine besondere Ästethik entstehen und drückt gleichzeitig die Individualität unserer Kunden aus.

MANUFAKTUR 78 GmbH
Prinzregentenstraße 78
D-81675 München
Tel.: +49 89 410 734 61
Fax: +48 89 410 734 63
info@manufaktur78.com
www.manufaktur78.com

indoor-out

Die MANUFAKTUR 78 setzt neue Akzente. Fliesen für den Außenbereich werden in demselben Design angefertigt wie die Fliesen für den Wohnbereich. Der Effekt ist einmalig: Räume erweitern sich, öffnen sich fast übergangslos in Außenbereiche wie Terrassen oder Balkone, ermöglichen völlig neue Raumaufteilungen oder -gestaltungen, es ergeben sich besondere Blickwinkel nach innen oder außen, und es entsteht dabei auch unter freiem Himmel ein angenehmes Wohn(l)gefühl. Die Oberflächen der Fliesen sind je nach Verwendungszweck den Anforderungsnormen und -standards entsprechend gefertigt. Ein Design, ein Format, eine Optik – zwei Fliesen.

Als Beispiele für die große Anzahl unterschiedlicher Designs stehen Oberflächen wie

- Nappaleder-Design in unterschiedlichen Farben
- Holz-Design, kaum zu unterscheiden von Echtholz
- Metall-Design mit Factory-Look
- Marmor-Design mit den typischen feinen Farbnuancen
- Sand- und Muschelkalkgestein-Dekore
- Antik-Design in Anlehnung an antike Steinböden
- Mosaike

Made in Italy

Seit 1961 gilt Iris Ceramica als Prestigeträger für das „Made in Italy" in der ganzen Welt. Täglich bestätigt der Hersteller sein Engagement, Kreationen aus glasierter Keramik und glasiertem Feinsteinzeug von hohem technisch-ästhetischen Wert zu schaffen, deren wegweisendes Design mit internationalen Auszeichnungen prämiert wurde. Kreationen, die die Innovation maßgebender Technologie mit dem Erbe echter Handwerkstradition vereinen, und die strengste Vorschriften in puncto Nachhaltigkeit erfüllen, was die Prozesszertifizierungen (EMAS, ISO 9001, ISO 14001) und die Produktzertifizierungen (ANAB, BREE-AM, HQE, LEED) beweisen. Im Zuge des unentwegten Strebens nach Qualität, vor allem auch im Sinne von Lebensqualität, brachte Iris Ceramica ACTIVE Clean Air & Antibacterial Ceramic™ auf den Markt. Mit diesem Exklusivverfahren der Gruppe können Keramikplatten für Boden- und Wandbeläge mit konkreten schadstoffreduzierenden und antibakteriellen Eigenschaften produziert werden, die aktiv mit der Umgebung interagieren. Die Wirksamkeit von ACTIVE wurde vom TCNA (Tile Council of North America) und vom Centro Ceramico Bologna bescheinigt. Sie

bestätigten, dass eine mit ACTIVE belegte Fläche von 1.000 m² die Stickstoffoxide (NOx) wie 20 hochstämmige Bäume reduziert. ACTIVE erhielt vom CSTB (Centre Scientifique et Technique du Bâtiment) den PASS-INNOVATION, eine maßgebliche Bescheinigung für den hohen Innovationswert. Mit ACTIVE wächst die „Keramik" über ihre ursprüngliche Bestimmung hinaus und verwandelt sich von einem inerten in ein ökologisch aktives Material.

Iris Ceramica
Via Ghiarola Nuova, 119, Zona Industriale 1
I-41042 Fiorano Modenese (MO)
Tel.: +39 0536 862111
Fax : +39 0536 804602
promo@irisceramica.com
www.irisceramica.com

WEB Kollektion von OBJECT CARPET

Neuheiten für den Objektbereich

Innovatives Teppichdessin in außergewöhnlichen Variationen – dafür steht der Name OBJECT CARPET seit 35 Jahren. Mit annähernd 1.000 unterschiedlichen Dessins verfügt das Unternehmen über einen Design-Fundus, der weltweit seinesgleichen sucht.

Zur Domotex 2010 präsentiert OBJECT CARPET im Rahmen der Contractworld unter der Bezeichnung **WEB** eine brandneue WEB-Kollektion. Hightech-Markenfasern im Wechselspiel zwischen hellen und dunklen Tönen, matter und glänzender Optik, hoher und tiefer Struktur. Das sind die Grundmerkmale aller Teppichböden der aktuellen OBJECT CARPET WEB KOLLEKTION. Neue Materialien, ein feines Gespür für aktuelle Design-Strömungen und dies in Kombination mit der traditionellen Webtechnik bilden die Basis für innovative Web-Qualitäten. Alle Web-Teppichböden sind extrem strapazierfähig und deshalb für den hoch frequentierten Architekturbereich geschaffen, egal ob in Verwaltungsgebäuden, im Hotel, in Ladengeschäften oder in Museen. Unterteilt in vier Produktgruppen, mit je einem eigenen Musterbuch, gliedert sich die Kollektion nach den gestalterischen Anforderungen heutiger Architektur.

BLACK ART bietet drei sehr eigenständige Dessins zur Wahl. Edel in der Aussage der Materialien, spielerisch im Dessin und trotzdem klar in der Erscheinung. Kraftvoll, präsent und gleichzeitig mit viel Understatement.

BLACK SILVER vereint alles, was funktionelle Architektur und Minimalismus im Teppich-Dessin an Raumgestaltung mit sich bringen kann. In der Grundaussage schwarz, gibt es vier Muster-Variationen: ein richtungsweisender Silber-Streifen oder quadratische, silberne Punkt-Muster in den Größen XS, M und L.

Die gleichen Dessins wie bei BLACK ART bilden die Grundlage der Kollektion **WEB ART**. Die Dessins zeigen sich erstaunlich vielseitig in ihren Ausdrucksmöglichkeiten. Aus der Verwebung unterschiedlicher Garne und Farben, in Schlinge oder Velours, entstand eine Teppichboden-Serie, die sicher jetzt schon zum Klassiker avanciert.

Die Klassiker im eigentlichen Sinne finden sich in der Kollektion **WEB CLASSICS** wieder. Dezent, ruhig und ausgewogen ordnen sich die acht unterschiedlichen Dessins jedem Raum unter. Sensibel und fein in ihrer Erscheinung, hochstrapazierbar und mit jeder TÜV-Prüfung versehen, halten sie alles an Werten, die einen Objektboden auszeichnen. Rund um das neue Programm bietet OBJECT CARPET ein überzeugendes Service-Paket: die komplette Kollektion ist permanent ab Lager verfügbar, ein 24-Stunden-Musterservice erleichtert die Vorauswahl.

OBJECT CARPET GmbH
Rechbergstraße 19
D-73770 Denkendorf
Tel.: +49 711 3402 0
Fax: +49 711 3402 155
conny.schlichter@object-carpet.com
www.object-carpet.com

Produktqualität

Seit fast 80 Jahren ist DESSO erfolgreich als erfahrener Spezialist in den Bereichen Büro und Verwaltung, Bildungs-/Gesundheitswesen und Hotel.

Designkompetenz

Als eines der führenden Unternehmen für Teppichfliesen, Bahnen und hochwertigste Webware ist bei DESSO Kreativität gleichbedeutend mit CARPETECTURE®.

Innovation

SoundMaster® – entwickelt für erhöhte Anforderungen an die Bau- und Raumakustik. Eine einfache Lösung für +10 dB verbesserte Trittschalldämmung und bis zu 60 % verbesserte Schallabsorption.

AirMaster® – für eine gesündere Raumluft. Mit GUI-Zertifikat „reduziert effektiv Feinstaub in der Innenraumluft". Und zwar um das Achtfache besser als Glattboden.

Nachhaltigkeit mit Substanz

Nach den „Cradle-to-cradle"-Grundsätzen werden Produkte wie EcoBase® aus sauberen Komponenten gefertigt, die sich problemlos trennen lassen, sodass daraus wieder neue Produkte entstehen können (Upcycling). Das bedeutet schonendsten Umgang mit Rohstoffen bis hin zur kompletten Rücknahme.

DESSO GmbH
Borsigstraße 36
D-65205 Wiesbaden
Tel.: +49 6122 58 73 410
Fax: +49 6122 58 73 420
service-de@desso.de
www.desso.de

Desso bereitet den Boden für die Welle

Hohe Ansprüche verlangen nach außergewöhnlichen Antworten. Ein imposantes Beispiel dafür repräsentiert „Die Welle" – ein eindrucksvolles, aus drei Gebäudeteilen „fließend" kombiniertes Ensemble im Frankfurter Westend. 1998 bis 2003 nach Plänen von JSK Architekten errichtet und 2007 renoviert, umfasst der Komplex heute 80.600 m² Nutzfläche. Das beeindruckende Bauwerk verbindet Kompetenz in Architektur und Ausstattung. Prägend war die Vision, die Trennung zwischen Arbeit und Freizeit aufzuheben. Entsprechend dieser Philosophie haben sich die

Verantwortlichen bei der Ausstattung konsequent an Qualität orientiert – so auch bei den Bodenbelägen. Hier waren Teppichfliesen der Firma DESSO erste Wahl, auch aus akustischen Gründen. Für die Frankfurter Welle kamen ca. 2.500 m² von DESSO „Scape" in zwei unterschiedlichen Tönen zum Einsatz – dunkle Teppich-Fliesen kennzeichnen die Laufwege, helle die Arbeitsplätze.

A

AB-Polymerchemie GmbH
Tjüchkampstraße 24
26605 Aurich
Tel. +49 4941 60 43 60
Fax +49 4941 60 43 643
www.ab-polymerchemie.de

Admonter STIA Holzindustrie
GmbH
Sägestraße 539
A-8911 Admont
Tel. +43 36133 350 0
www.admonter.at

Albrecht Braun GmbH
Hauptstraße 5–7
73340 Amstetten
Tel. +49 7331 3003 0
Fax +49 7331 3003 66
www.braun-steine.de

Alcalatén Cerámicas
Carretera Castellón – Alcora
Km 10,5
ES-12110 Alcora
Tel. +34 964 360 744
Fax +34 964 386 302
www.alcalaten.com

AMORIM DEUTSCHLAND
GmbH & Co. KG
Berner Straße 55
27751 Delmenhorst
Tel. +49 4221 59 301
www.amorim-revestimentos.com

Amtico International
Im Taubental 11
41468 Neuss-Grimlinghausen
Tel. +49 2131 359 160
www.amtico.de

ANKER TEPPICHBODEN
Gebr. Schoeller GmbH & Co. KG
Zollhausstraße 112
52353 Düren
Tel. +49 2421 804 0
Fax +49 2421 804 200
www.anker.eu

Anröchter Dolomitstein
Hubert Killing GmbH
Michaelisweg 13
59609 Anröchter-Berge
Tel. +49 2947 42 82
Fax +49 2947 44 79
www.hubert-killing.de

APAEB Europa GmbH
Kreuzstraße 2
97990 Weikersheim
Tel. +49 7934 91 77 0
Fax +49 7934 91 77 17
www.apaeb-europa.com

Armstrong DLW GmbH
Stuttgarter Straße 75
74321 Bietigheim-Bissingen
Tel. +49 7142 71 0
www.armstrong.de

Ars Fundi – Die Kunst am
Boden
Pyrmonter Straße 18
32676 Lügde
Postfach 1317
32670 Lügde
Tel. +49 5281 97 93 42
Fax +49 5281 97 90 31
www.arsfundi.de

Art FuBo Fußbodentechnik
Niederhagen 4
42929 Wermelskirchen
Tel. +49 2196 888 461
Fax +49 2196 888 462
www.artfubo.de

ASPG Deutschland GmbH
Fährstraße 36
40221 Düsseldorf
Tel. +49 211 30 32 97 20
Fax +49 211 30 32 97 24
www.d-aspg.de

B

Bauwerk Parkett GmbH
Industriestraße 8
72411 Bodelshausen
Tel. +49 7471 700 0
www.bauwerk.com

Bell GmbH Westerwaldnatur-
steinwerk
Saynstraße 29
56242 Selters/Ww
Tel. +49 2626 760 60
Fax +49 2626 783 06
www.trachyt.de

Bembé Parkett GmbH & Co. KG
Wolfgangstraße 15
97980 Bad Mergentheim
Tel. +49 7931 96 60
Fax +49 7931 966 150
www.bembe.de

Bergland-Parkett
Karl Amashaufer Ges.m.b.H
Holzindustrie
Kendl 6
A-3252 Petzenkirchen
Tel. +43 7416 555 06
Fax +43 7416 555 06 20
www.bergland-parkett.at

BHK Holz- und Kunststoff KG
Heidfeld 5
33142 Büren
Tel. +49 2951 60 04 0
Fax +49 2951 54 99
www.bhk.de

Birkenmeier Stein+Design
GmbH & Co. KG
Industriestraße 1
79206 Breisach
Tel. +49 7668 71 09 0
Fax +49 7668 13 95
www.birkenmeier.de

BISAZZA SPA
Viale Milano 56
I-36075 Alte (VI)
Tel. +39 444 70 75 11
Fax +39 444 49 20 88
www.bisazza.com

B.LAB Italia s.r.l.
Via Marmolada, 20
I-21013 Gallarate (VA)
Tel. +39 331 77 44 45
Fax +39 331 73 48 44
www.blabitalia.com

Bona Vertriebsgesellschaft
GmbH
Jahnstraße 12
65549 Limburg/Lahn
Tel. +49 6431 4008 0
Fax +49 6431 4008 25
www.bona.com

BOXLER GMBH & Co. KG
Eichenweg 12
86871 Rammingen
Tel. +49 8245 55 0
Fax +49 8245 55 350
www.boxler.de

BSW Berleburger Schaumstoff-
werk GmbH
Am Hilgenacker 24
57319 Bad Berleburg
Tel. +49 2751 803 0
Fax +49 2751 803 109
www.berleburger.com

C

Cantera Naturstein Handel
W. Horstmann GmbH
Naturstein & Baustoffhandel
Adolph-Brosang-Straße 32
31515 Wunstorf
www.cantera.de

Carpet Concept
Objekt-Teppichboden GmbH
Bunzlauer Straße 7
33719 Bielefeld
Tel. +49 521 9 24 59 0
Fax +49 521 9 24 59 20
www.carpet-concept.de

Casa dolce casa S.p.A
Via Viazza II Tronco, 45
I-41042 Fiorano Modenese (MO)
Tel. +39 0536 841 011
Fax +39 0536 841 001
www.casadolcecasa.com

Chini Fußbodenbau GmbH
& Co. KG
Ludwig-Jahn-Straße 25
72250 Freudenstadt
Tel. +49 7441 8882 0
Fax +49 7441 8882 88
www.chini.de

Co.Design GmbH
Design und Vetrieb
Am Goldenen Feld 2
95326 Kulmbach
Tel. +49 9221 821 33 73
Fax +49 9221 821 33 74
www.co-designers.de

CORATEC AG
Industriestraße 33
CH-4617 Gunzgen
Tel. +41 62 209 66 66
Fax +41 62 209 66 67
www.coratec.ch

Cotto Hof
Alois Geugis
Marienstraße 58
41836 Hückelhoven-Hilfarth
Tel. +49 2433 413 00
Fax +49 2433 4683
www.cottohof.de

C/R/O GmbH
Handelsgesellschaft für Boden-
beläge
Feldheider Straße 70–74
40699 Erkrath
Tel. +49 2104 91 92 0
Fax +49 2104 91 92 20
www.cro.de

D

de christo Vertriebs GmbH
Haimpfarrich 2
91154 Roth
Tel. +49 9174 97 109 0
Fax +49 9174 97 109 99
www.dechristo.de

Delignit AG
Königswinkel 2-6
32825 Blomberg
Tel. +49 5235 966 100
Fax +49 5235 966 105
www.delignit.de

De Pino Parkett Deutschland
Bahnhofstraße 22a
86529 Schrobenhausen
Tel. +49 8252 88 101 77
www.depino-parkett.de

DERBIGUM Deutschland
Industriepark Region Trier
Europa-Allee 3
54343 Föhren
Tel. 0800 000 64 96
Fax 0800 000 64 97
www.derbigum.de

Designbeläge Wiedmann
Säntisstraße 6
73432 Aalen
Tel. +49 7367 96 85 93
Fax +49 7367 96 85 33
www.designbelaege-
wiedmann.de

Design Composite GmbH
Klausgasse 32
A-5730 Mittersill
Tel.: +43 6562 40609 0
Fax +43 6562 40609 609
www.design-composite.com

Desso
Taxandriaweg 15
NL-5142 PA Wallwijk
Postfach 169
NL-5140 AD Waalwijk
Tel. +31 416 684 100
Fax +31 416 335 955
www.desso.com

Deutsche Steinzeug Keramik
GmbH
Buchtal 1
92521 Schwarzenfeld
Postanschrift:
Postfach 49
92515 Schwarzenfeld
Tel. +49 94 35-391 0
Fax +49 94 35-391 34 52
www.agrob-buchtal.de

Dinesen
Klovtoftvey 2, Jels
DK-6630 Rødding
Tel. +45 7455 21 40
www.dinesen.com

Du Pont de Nemours
Interanational S.A.
2, chemin du Pavillon
CH-1218 Le Grand-Saconnex/
Genf
Tel. +49 6102 18 13 12
Fax +49 6102 18 13 18
www.zodiaq.de

Durafloor Werner GmbH
Elbchaussee 142
22763 Hamburg
Tel. +49 40 430 966 6
Fax +49 40 430 966 79
www.durafloor-werner.de

Dura Tufting GmbH
Frankfurter Straße 62
36043 Fulda
Tel. +49 661 82 0
Fax +49 661 82 400
www.dura.de

E

emco Bau- und Klimatechnik
GmbH & Co. KG
Breslauer Straße 34–38
Postfach 1860
49803 Lingen (Ems)
Tel. +49 591 9140 0
Fax +49 591 9140 852
www.emco.de

Expomobil® - Messezubehör -
Vertriebs-GmbH
Raiffeisenstraße 23
70794 Filderstadt
Tel. +49 711 11891 0
Fax +49 711 11891 96
www.expomobil.de

F

Fabrik Floover
Palü Daint
CH-7537 Müstair
Tel. +41 818 503 944
Fax +41 818 503 945
www.floover.com

Fabromont AG
Industriestrasse 10
CH-3185 Schmitten
Tel. +41 26 497 88 11
Fax +41 26 497 88 66
www.fabromont.ch

FCT FiberConcepT GmbH
Donnersbergweg 1
67059 Ludwigshafen am Rhein
Tel. +49 621 400 465 00
Fax +49 621 400 465 29
www.fiberconcept.net

Feldhaus Klinker Vertriebs-
GmbH
Nordring 1
49196 Bad Laer
Tel. +49 5424 2920 0
Fax +49 5424 2920 129
www.feldhaus-klinker.de

Filzfabrik Fulda GmbH & Co. KG
Frankfurter Straße 62
36035 Fulda
Tel. +49 661 101 1
Fax +49 661 101 224
www.filzfabrik-fulda.de

FINDEISEN GmbH
Bulacher Straße 53
76275 Ettlingen
Tel. +49 7243 7100 0
Fax +49 7243 7100 900
www.finett.de

FLACHGLAS Wernberg GmbH
Bauverglasung
Nürnberger Straße 140
92533 Wernberg-Köblitz
Tel. +49 96 04 48 0
Fax +49 96 04 48 378
www.flachglas.de

Fliesen Welscheit GmbH
Strontianitstraße 5
48317 Drensteinfurt
Tel. +49 2508 999 526
Fax +49 2508 999 469
www.fliesen-welscheit.de
www.huh-mosaik.de

FLORIM CERAMICHE S.p.A.
Via Canaletto, 24
I-41042 Fiorano (MO)
Tel. +39 536 840 111
Fax +39 536 840 999
www.floorgres.com

Forbo Flooring GmbH
Steubenstraße 27
33100 Paderborn
Tel. +49 5251 1803 0
Fax +49 5251 1803 200
www.forbo-flooring.de
www.forbo.de

G

GIRLOON GmbH & Co. KG
Daimlerstraße 8–12
33442 Herzebrock
Tel. +49 5245 9 21 94 0
Fax +49 5245 9 21 94 44
www.girloon.de

Glas Trösch Beratungs-GmbH
Benzstraße 13
89079 Ulm-Donautal
Tel. +49 731 40 96 0
Fax +49 731 40 96 290
www.glastroesch.de

GranitiFiandre S.p.A
Via Radici Nord, 112
I-42014 Castellarano
(Reggio Emilia)
Tel. +39 536 819 611
Fax +39 536 858 082
www.granitifiandre.com

Gustav Vöhringer GmbH
Dottingerstraße 36
72525 Münsingen
Tel. +49 7381 93820
Fax +49 7381 938 240
www.gustav-voehringer.de

H

Hain Industrieprodukte
Vertriebs-GmbH
Am Eckfeld 4
83543 Rott am Inn
Tel. +49 8039 404 0
Fax +49 8039 404 199
www.hain.de

Harlequin Europe SA
29, rue Notre-Dame
L-2240 Luxemburg
Tel. +352 46 44 99
Fax +352 46 44 40
www.harlequinfloors.com

HBM Consulting
Piazza Marsilio Ficino, 78
CP 14
I-50063 Figline Valdarno
(Firenze)
Tel. +39 055 95 44 330
Fax +39 055 56 09 313
www.hbmconsulting.com

Heuser & Szabo GbR
Glashüttenplatz 1 (Büro)
Mittelstraße 52 p (Produktion)
45549 Sprockhövel
Tel. +49 2339 120 666
Fax +49 2339 120 667
www.medes.de

HOBA STEEL GmbH
Beuler Höhe 9
Postfach 800317
45503 Hattingen
Tel. +49 2324 2 70 51
Fax +49 2324 2 31 01
www.hoba-steel.de

HTW Design Carpet
Halbmond Teppichwerke GmbH
Oetinghauser Weg 85
32051 Herford
Tel. +49 5221 1779 0
Fax +49 5221 1779 79
www.htw-designcarpet.de

I

IMPRONTA CERAMICHE SPA
Viale Virgilio, 48
I-41123 Modena
Tel. +39 059 888 411
www.improntaceramiche.com

InterfaceFLOR
Interface Deutschland GmbH
Rote-Kreuz-Straße 2
47800 Krefeld
Tel. +49 2151 3718 0
Fax +49 2151 3718 35
www.interfaceflor.eu

Iris Ceramica
Via Ghiarola Nuova, 119
Zona Industriale 1
I-41042 Fiorano Modenese (MO)
Tel. +39 0536 862111
Fax +39 0536 804602
www.irisceramica.com

IRSA Lackfabrik Irmgard
Sallinger GmbH
An der Günz 15
86489 Deisenhausen
Tel. +49 8282 89 44 0
Fax +49 8282 89 44 44
www.irsa.de

J

Jasba Mosaik GmbH
Ein Unternehmen der Deutsche
Steinzeug Cremer & Breuer AG
Im Petersborn 2
56244 Ötzingen
Tel. +49 2602 682 0
www.jasba.de

K

Kährs Parkett Deutschland
GmbH & Co. KG
Rosentalstraße 8/1
72070 Tübingen
Tel. +49 7071 91 93 0
Fax +49 7071 91 93 100
www.kahrs.com

Kaindl Flooring GmbH
Kaindlstraße 2
A-5071 Wals
Tel. +43 662 85 88 0
Fax +43 662 85 13 31
www.kaindl.com

KANN GmbH Baustoffwerke
Bendorfer Straße
56170 Bendorf-Mülhofen
Tel. +49 2622 707 0
Fax +49 2622 707 165
www.dasag.de

Kasthall HQ Kinna
Postfach 254
Fritslavägen 42
SE-51123 Kinna
Tel. +46 320 20 59 00
Fax +46 320 20 59 01
www.kasthall.com

KERAPID
Krüger und Schütte KG
Marheinekestraße 21
31134 Hildesheim
Tel. +49 5121 1602 0
Fax +49 5121 1602 70
www.kerapid.de

Kiesel Bauchemie GmbH &
Co. KG
Wolf-Hirth-Straße 2
73730 Esslingen
Tel. +49 7119 31 34 0
Fax +49 7119 31 34 140
www.kiesel.com

Knauf Gips KG
Am Bahnhof 7
97346 Iphofen
Tel. +49 9323 31 0
Fax +49 9323 31 277
www.knauf.de

Kokosweberei Schär
August Schär KG
Himmeroder Straße 6
54533 Eisenschmitt
Tel. +49 6567 519
Fax +49 6567 1235
www.kokosweberei-schaer.de

KORODUR Westphal Hart-
beton GmbH & Co. KG
Wernher-von-Braun-Straße 4
92224 Amberg
Postfach 1653
92206 Amberg
Tel. +49 9621 47 59 0
Fax +49 9621 3 23 41
www.korodur.de

Kromer Betonfußböden
Richard-Wagner-Straße 26
79104 Freiburg
Tel. +49 761 55 77 575
Fax +49 761 55 77 574
www.kromer-bau.de

KRONOTEX GMBH & CO. KG
Wittstocker Chaussee 1
16909 Heiligengrabe
Tel. +49 33962 69 150
Fax +49 33962 69 288
www.kronotex.com

kymo GmbH
Karlstraße 32
76133 Karlsruhe
Tel. +49 721 961 402 0
www.kymo.de

L

Lithonplus GmbH & Co. KG
Schwegenheimer Straße 1a
67360 Lingenfeld
Tel. +49 6344 949 0
Fax +49 6344 949 125
www.lithonplus.de

liqmet-europe
Niederbieger Straße 82b
88255 Baienfurt
Tel. +49 751 36 44 90 71
Fax +49 751 36 44 90 77
www.liqmet-europe.com

LOBA GmbH & Co. KG
Leonberger Straße 56–62
71254 Ditzingen
Tel. +49 7156 357 220
Fax +49 7156 357 211
www.loba.de

Lucem GmbH
Prattelsackstraße 25
52222 Stolberg
Tel. +49 2402 124 66 94
Fax +49 2402 124 77 43
www.lucem.de

M

mafi Naturholzboden GmbH
Utzweihstraße 21+25
A-5212 Schneegattern
Tel. +43 7746 27 1
Fax +43 7746 37 7
www.mafi.at

MAGNA Naturstein GmbH
Im Mittelfeld 1
39326 Loitsche
Tel. +49 3 92 08 2 71 0
Fax +49 3 92 08 2 34 07
www.magnastein.de

Maier-Glas-GmbH
Badenbergstraße 36
89520 Heidenheim
Tel. +49 7321 9690 0
Fax +49 7321 9690 60
www.maier-glas.de

MANUFAKTUR 78 GmbH
Prinzregentenstraße 78
81675 München
Tel. +49 89 410 734 61
Fax +49 89 410 734 63
www.manufaktur78.com

Margaritelli Deutschland GmbH
Frauenstraße 14
89073 Ulm/Donau
Tel. 08001 860010
Margaritelli s.p.a.
Zona Industriale Miralduolo
I-06089 Torgiano (PG)
Tel. +39 075 988 68 03
www.listonegiordano.com/
deutschland

MAROTECH GmbH
Industriepark West
Heinkelstraße 2–4
36041 Fulda
Tel. +49 661 60 39 39
Fax +49 661 60 39 40
www.marotech.de

Marquart Fußbodentechnik
Akazienweg 4
74374 Zaberfeld
Tel. +49 7046 93 01 31
Fax +49 7046 93 01 32
www.marquart-fussboden-
technik.de

MAZZONETTO
Via Sega, 2033
San Giorgio in Bosco (PD)
Tel. +39 049 945 04 88
Fax +39 049 945 06 69
www.mazzonettoweb.it

MC-BAUCHEMIE MÜLLER
GmbH & Co. KG
Am Kruppwals 1–8
46238 Bottrop
Tel. +49 2041 101 0
Fax +49 2041 640 17
www.mc-bauchemie.de

megawood
Holz-Speckmann
Westraße 15
33790 Halle (Westfalen)
Tel. + 49 5201 189 330
Fax + 49 5201 103 12
www.megawood.de

MeisterWerke Schulte GmbH
Zum Walde 16
59602 Rüthen
Tel. +49 2952 816 0
Fax +49 2952 816 66
www.schulte-raeume.de

Miltex GmbH
Ohmstraße 2
68519 Viernheim
Tel. +49 6204 70 869 0
Fax +49 6204 70 869 29
www.miltex.de

Mondo GmbH
Herzogenbuscher Straße 10
54292 Trier
Tel. +49 651 97 902 0
Fax +49 651 97 902 10
www.mondo.de

Mosaic del Sur
Kolonnenstraße 26
10829 Berlin
Tel. +49 180 100 70 10
Fax +49 180 100 80 10
www.mosaicdelsur.com

MOSO International B.V.
Hauptsitz
De Marowijne 43
NL-1689 AR Zwaag
Tel. +31 229 26 57 32
Fax +31 229 26 77 59
www.moso.eu

Multi-Plot Europe GmbH
Industriestraße 1–3
34308 Bad Emstal
Tel. +49 5624 92 358 00
Fax +49 5624 92 358 15
www.multiplot.de

N

Nagel Natursteine GmbH
Seeshaupter Straße 8
82335 Berg
Tel. +49 8151 95 36 00
Fax +49 8151 95 36 02
www.nagel-natursteine.de

Naturo Bodenbeläge
Kaiserallee 73
76185 Karlsruhe
Tel. +49 721 85 93 48
Fax +49 721 84 82 08
www.naturo.de

Naturofloor GmbH
Karlihofstraße 7
CH-7208 Malans
Tel. +41 81 330 60 14
Fax +41 81 330 60 19
www.naturofloor.ch

Naturo Kork AG
Allmendstraße 4
CH-6210 Sursee
Tel. +41 41 926 09 50
Fax +41 41 926 09 51
www.naturokork.ch

Naturstein Vetter GmbH
Industriestraße 16
97483 Eltmann/Main
Tel. +49 9522 7 29 0
Fax +49 9522 7 29 99
www.stein-vetter.de

Natursteinwerk Neuhoff
Raiffeisenstraße 3
97523 Schwanfeld
Tel. +49 93 84 97 10 0
Fax +49 93 84 97 10 23
www.neuhoff.de

NintegrA gGmbH
Leobener Straße 104
704569 Stuttgart
Tel. +49 711 13531 921
Fax +49 711 13531 954
www.quadino.de

Nord Ceram Fliesenproduk-
tions- und -vertriebs GmbH
& Co. KG
Schönebecker Straße 101
28759 Bremen
Tel. +49 471 70 05 0
Fax +49 471 70 05 310
www.nordceram.com

nordland natur-teppichboden
GmbH
Gewerbestraße 9 (Gewerbe-
gebiet G1)
25358 Horst/Holstein
Tel. +49 4126 39 11 30
Fax +49 4126 39 11 20
www.nordland-naturteppich.de

O

Obernkirchener Sandstein-
brüche GmbH
Am Steinhauerplatz 6
31683 Obernkirchen
Tel. +49 5724 10 07
Fax +49 5724 10 00
www.obernkirchener-sand-
stein.de

Object Carpet GmbH
Rechbergstraße 19
73770 Denkendorf
Tel +49 711 34 02 0
Fax +49 711 34 02 155
www.object-carpet.de

objectflor
Art und Design Belags GmbH
Wankelstraße 50
50996 Köln
Tel. +49 2236 966 33 0
Fax +49 2236 966 33 99
www.objectflor.de

Odenwaldholz Seibert UG
Sägewerk 1
64711 Erbach / Ebersberg
Tel. +49 6062 95 68 72
Fax +49 6062 95 68 98
www.odw-holz.de

Oldenburger Parkettwerk
GmbH
Stahlstraße 20
26215 Wiefelstede
Tel. +49 4402 6953 0
Fax +49 4402 6931 3
www.opw-parkett.de

Olivenholzparkett.de e.K.
Gladbacher Straße 21
50672 Köln
Tel. +49 221 469 64 55
Fax +49 221 469 64 57
www.olivenholz-parkett.de

OptiStone GmbH & Co. KG
Betonwerkstein Hesssich
Lichtenau
Lilienthalstraße 33–43
37235 Hessisch Lichtenau
Tel. +49 5602 91 71 0
Fax +49 5602 91 71 29
www.optistone.de

ORAFOL Europe GmbH
Orafolstraße 2
16515 Oranienburg
Tel. +49 3301 864 0
Fax +49 3301 864 100
www.orafol.de

Osmo Holz und Color GmbH
& Co. KG
Affhüppen Esch 12
48231 Warendorf
Tel. +49 2581 922 100
Fax +49 2581 922 200
www.osmo.de

P

Parador GmbH & Co. KG
Millenkamp 7–8
48653 Coesfeld
Tel. 01805 667 668
www.parador.de

pardec GmbH
Genthiner Straße 22
39317 Ferchland
Tel. +49 39349 94599 0
Fax +49 39349 94599 30
www.pardec.de

Pergo GmbH
Stralauer Alle 2c
10245 Berlin
Tel. +49 30 8321 939 39
www.pergo.com

porviva living surfaces
Pleyers. Bau Innovationen
GmbH
Bertha-von-Suttner-Straße 33
52146 Würselen
Tel. +49 2405 421 350
Fax +49 2405 421 360
www.porviva.com

proGOODWOOD
Osnabrücker Straße 342
49152 Bad Essen-Wehrendorf
Tel. +49 5472 954 446 0
Fax +49 5472 954 446 50
www.progoodwood.de

PROJECT FLOORS GmbH
Kalscheuerener Straße 19
D-50354 Hürth
Tel. +49 2233 9687-0
Fax +49 2233 9687-10
www.project-floors.com

Q

Quirrenbach Grauwacke
Naturstein Produktions-
und Vertriebs GmbH
Eremitage 6
51789 Lindlar
Tel. +49 2266 4746 0
Fax +49 2266 4746 47
www.quirrenbach.de

R

RAVELLO oHG
Freifrau-von-Löwendal-Straße 24
01979 Lauchhammer
Tel. +49 3574 467 98 0
Fax +49 3574 460 88 0
www.ravello.de

REC Bauelemente GmbH
Tabbertstraße 12
12459 Berlin
Tel. +49 30 53 89 63 0
Fax +49 30 53 89 63 10
www.rec-berlin.de

Remmers Baustofftechnik
GmbH
Bernhard-Remmers-Straße 13
49624 Löningen
Tel. +49 5432 83 0
Fax +49 5432 39 85
www.remmers.de

RENOLIT AG
Horchheimer Straße 50
67547 Worms
Tel. +49 6241 30 30
Fax +49 6241 38 0 58
www.renolit.com

Rex
Via Canaletto, 24
I-41042 Fiorano (MO)
Tel. +39 0536 840 111
Fax +39 0536 844 750
www.rex-cerart.it

RICHNER
BR Bauhandel AG
Würzgrabenstrasse 6
8048 Zürich
www.richner.ch

RINOL GmbH
Freiberger Straße 9
74379 Ingersheim
Tel. +49 7142 377 220
Fax +49 7142 377 221
www.rinol.de

Ruckstuhl AG
St.-Urban-Strasse 21
CH-4901 Langenthal
Tel. +41 62 919 86 00
Fax +41 62 922 48 70
Ruckstuhl Deutschland
Kernerplatz 2
70182 Stuttgart
Tel. +49 711 666 630
www.ruckstuhl.com

ROSSKOPF & PARTNER AG
Am Flugplatz 3
99996 Obermehler
Tel. +49 36021 98 99 0
Fax +49 36021 98 99 10
www.rosskopf-partner.de

S

Sächsische Sandsteinwerke
GmbH
Bahnhofstraße 12b
01796 Pirna
Tel +49 3501 56 10 10
Fax +49 3501 56 10 11 / -21
www.sandsteine.de

Sänger GmbH
Postfach 140
74573 Schrozberg
Tel. +49 7935 72 24 0
Fax +49 7935 72 24 199
www.sanger.de

Scheucher Holzindustrie GmbH
Zehensdorf 100
A-8092 Mettersdorf
Tel. +43 3477 23 30 0
Fax +43 3477 23 30 16
www.scheucher.at

Seitz + Kerler GmbH + Co. KG
Friedenstraße 5–8
97816 Lohr am Main
Tel. +49 9352 8787 0
Fax. +49 9352 8787 11
www.seilo.de

SENSACELL
contact@sensacell.com
www.sensacell.com

Sensitile Systems®, LLC
1735 Holmes Rd.
Ypsilanti, MI 48197, USA
www.sensitile.com

SHS Naturstein GmbH
An den Mühlsteinen
56727 Mayen
Tel. +49 2651 96 44 0
www.shs-naturstein.de

Signatur Christian Weiss
HCW GmbH
Reitdorf 124
A-5542 Flachau
Tel. +43 64 57 26 85 0
Fax +43 64 57 26 85 55
www.signatur-weiss.at

Starshine GmbH & Co. KG
Werner-von-Siemens-Straße 28
94447 Plattling
Tel. +49 9931 89 6 87 0
Fax +49 9931 89 6 87 18
www.starshine-glass.de

Steinmann Barbara
Diplom Designerin
Erpestraße 23
33649 Bielefeld
Tel. +49 521 988 60 22
www.steinmann-art.de

STEIN MÜLLER
Natursteinbetrieb
Gewerbegebiet an der
Haidter Straße 1
97355 Kleinlangheim
Tel. +49 9325 1275
Fax +49 9325 6805
www.stein-mueller.de

Sto AG
Ehrenbachstraße 1
79780 Stühlingen
Tel. +49 77 44 57 0
Fax. +49 77 44 57 21 78
www.sto.de

StoCretec GmbH
Gutenbergstraße 6
65830 Kriftel
Tel. +49 6192 401 104
Fax +49 6192 401 105
www.stocretec.de

STRÖHER GmbH
Ströherstraße 2–10
35683 Dillenburg
Tel. +49 27 71 3 91 0
Fax +49 27 71 3 91 340
www.stroeher.de

STRÖHMANN STEINKULT
GmbH
Nassaustraße 25
65719 Hofheim-Wallau
Tel. +49 6122 91 070
Fax +49 6122 16 603
www.stroehmann.de

Steuler-Fliesen GmbH
Industriestraße 78
75417 Mühlacker
Tel. +49 7041 801 110
Fax +49 7041 801 210
www.steuler-fliesen.de

T

Tarkett Holding GmbH
Nachtweideweg 1–7
67227 Frankentahl
Tel. +49 6233 81 0
Fax +49 6233 81 10 10
www.tarkett.com
www.tarkett-floors.com

ter Hürne GmbH & Co. KG
Ramsdorfer Straße 5
46354 Südlohn
Tel. +49 2862 701 0
Fax +49 2862 701 111
www.terhuerne.de

tilo GmbH
Magetsham 19
A-4923 Lohnsburg
Tel. +43 7754 400 0
Naturbodenstudio Vienna
Westbahnstraße 32
A-1070 Wien
Tel. +43 1 522 42 68
www.tilo.com

TOUCAN-T Carpet Manufacture
GmbH
St.-Töniser-Straße 84
47803 Krefeld
Tel. +49 2151 84 19 0
Fax +49 2151 84 19 99
www.toucan-t.de

Trend group SPA
Piazzale Fraccon, 8
I-36100 Vicenza
Tel. +39 0444 33 87 11
Fax +39 0444 33 87 47
www.trend-vi.com

Tretford
Weseler Teppich GmbH
& Co. KG
Emmelsumer Straße 218
46485 Wesel
Tel. +49 281 819 10
Fax +49 281 819 38
www.tre-bo.eu

Triflex Beschichtungssysteme
GmbH & Co. KG
Karlstraße 59
32423 Minden
Tel. +49 571 38 780 0
Fax +49 571 38 780 738
www.triflex.de

U

UPM PROFI SALES &
MARKETING
Niemenkatu 16
Postfach 203
FIN-15141 Lahti
Tel. +358 204 15 113
Fax +358 204 15 6331
www.upmprofi.com

Upofloor Oy
Souranderintie 2
Postfach 8
FIN-37101 Nokia
Tel. +358 20 740 9600
Fax +358 20 740 9737
www.upofloor.fi

Uzin Utz AG
Dieselstraße 3
89079 Ulm
Tel. +49 731 4097 0
Fax +49 731 4097 110
www.uzin.de

V

Van Besouw Tapijt BV
Puttenstraat 3
NL-8281 BP Genemuiden
KvK Zwolle Nr. 08219843
Tel. +31 38 385 88 18
Fax +31 38 385 88 17
Vertrieb für Deutschland
und Österreich
bortolotti + goltermann OG
Bäumle 2c
A-6911 Lochau
Tel. +43 5574 64 114
Fax +43 5574 82 443
www.besouw.nl

VIA GmbH
Almut Lager, Norbert
Kummermehr
Schiefermahlwerk
56349 Kaub am Rhein
Tel. +49 6774 91 81 88 0
Fax +49 6774 91 81 88 20
www.viaplatten.de

Villeroy & Boch AG
Hauptverwaltung
Postfach 1120
66688 Mettlach
Tel. +49 6864 81 0
www.villeroy-boch.com

V & B Fliesen GmbH
Rotensteiner Weg
66663 Merzig
info.fliesen@villeroy-boch.com

VILLIglas GmbH
Sittersdorf 42
A-9133 Miklauzhof
Tel. +43 4237 230 33 111
Fax +43 4237 230 33 190
www.villiglas.at

VitrA Karo (Fliese)
Brucknerstraße 43
56566 Neuwied
Tel. +49 2622 8895 126
Fax +49 2622 8895 5126
www.vitrakaro.com
www.vitra-bad.de

Vivelle GmbH
Weiherer Straße 37
76707 Hambrücken
Tel. +49 7255 71 23 0
Fax +49 7255 71 23 20
www.vivelle.de

Vorwerk & Co. Teppichwerke
GmbH & Co. KG
Kuhlmannstraße 11
31785 Hameln
Tel. +49 5151 103 0
Fax +49 5151 103 377
www.vorwerk-teppich.de

W

WARCO elastische Boden-
beläge
Michael Schladt
Andergasse 17
67434 Neustadt a. d. Weinstraße
Tel. +49 6321 858 34 02
Fax +49 6321 28 90
www.warco.de

Willems GmbH gold-mosaics
Stadtwaldstraße 38
41179 Mönchengladbach
Tel. +49 2161 58 47 37
Fax +49 2161 ·58 14 87
www.gold-mosaics.com

Witex Flooring Products GmbH
Nord-West-Ring 21
32832 Augustdorf
Tel. +49 5237 609 0
Fax +49 5237 609 309
www.witex.de

WVS - Werkstoff-Verbund-
Systeme GmbH
Verkaufsleitung Innendienst
Erlenweg 15
88410 Bad Wurzach-Seibranz
Tel. +49 7564 2072
Fax +49 7564 4088
www.wvs-ostrowski.de

Bildnachweis

Das Bildmaterial in diesem Buch wurde von den jeweiligen Herstellern sowie von raumPROBE Stuttgart freundlicherweise für die Publikation zur Verfügung gestellt.

Titelbild: Geostyle Luminar, LUP03 Optobronze, Fiandre

Impressum

Alle Angaben wurden gewissenhaft recherchiert und mit großer Sorgfalt überprüft. Dennoch kann eine Haftung für Änderungen oder Abweichungen nicht übernommen werden.

© 2011 Verlag Georg D.W. Callwey GmbH & Co. KG
Streitfeldstraße 35
81673 München
www.callwey.de
E-Mail: buch@callwey.de

Bibliografische Information der Deutschen Nationalbibliothek
Die Deutsche Nationalbibliothek verzeichnet diese Publikation in der Deutschen Nationalbibliografie; detaillierte bibliografische Daten sind im Internet über <http://dnb.d-nb.de> abrufbar.

ISBN 978-3-7667-1927-0

Projektleitung: Tina Freitag
Mitarbeit: Stephanie Bergmeier, Susanne Lackermeier
Lektorat Lexikonteil und Fachbeiträge:
architekturtext, Annette Galinski
Herstellerkontakt Projektteil: Claudia Schütz-Helmstreit
(schuetz-helmstreit@t-online.de)
Layout und Satz: LINIE ZWEII, Claudia Miller
Umschlaggestaltung: Alexander Stix, München
Druck und Bindung: Offizin Andersen Nexö, Leipzig

Printed in Germany 2011

In ideeller Kooperation mit dem
Bund Deutscher Innenarchitekten BDIA

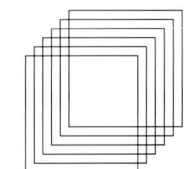

BDIA Bund
Deutscher
Innen
Architekten